HARVARD BUSINESS ESSENTIALS

NEGOCIAÇÃO

HARVARD BUSINESS ESSENTIALS

Outros títulos da série:

Contratando e mantendo as melhores pessoas
Ferramentas para empreendedores
Finanças para gerentes
Gerenciando mudança e transição
Negociação
Gerenciando a crise
Estratégia
Tomando decisões
Gerenciando projetos grandes e pequenos
Criando equipes

HARVARD BUSINESS ESSENTIALS

NEGOCIAÇÃO

ORGANIZADO PELO PROFESSOR DE MBA
MICHAEL WATKINS

Tradução
CRISTIANA DE ASSIS SERRA

Revisão técnica
LUÍS ANTÔNIO DIB
Consultor e Professor de Negociação e Estratégia Empresarial
nos cursos de MBA do IBMEC Business School

13ª EDIÇÃO

EDITORA RECORD
RIO DE JANEIRO • SÃO PAULO

2025

CIP-Brasil. Catalogação-na-fonte
Sindicato Nacional dos Editores de Livros, RJ.

N293 Negociação / tradução Cristiana de Assis Serra. – 13ª ed. – Rio
13ª ed. de Janeiro: Record, 2025.
. – (Harvard Business Essentials)

Tradução de: *Negotiation*
Apêndice
Inclui bibliografia
ISBN 978-85-01-06831-6

1. Negociação (Administração de empresas). 2. Negociação.
3. Conflito – Administração. I. Série.

CDD – 658.4
03-2148 CDU – 65:316.47

Original work copyright © 2003 Harvard Business School Publishing Corporation
Published by arrangement with Harvard School Press

Título original norte-americano
NEGOTIATION

Texto revisado segundo o novo Acordo Ortográfico da Língua Portuguesa.

Capa: Sérgio Campante sobre foto da Photodisc Collection

Direitos de publicação exclusiva em língua portuguesa no Brasil
adquiridos pela
EDITORA RECORD LTDA.
Rua Argentina 171 – Rio de Janeiro, RJ – 20921-380 – Tel.: 2585-2000
que se reserva a propriedade literária desta tradução

Impresso no Brasil

ISBN 978-85-01-06831-6

Seja um leitor preferencial Record.
Cadastre-se e receba informações sobre nossos
lançamentos e nossas promoções.

EDITORA AFILIADA

Atendimento e venda direta ao leitor:
sac@record.com.br

Sumário

Introdução 9

1. Tipos de negociação 13

Muitos caminhos para um acordo
  Negociação distributiva 15
  Negociação integrativa 17
  Várias fases e várias partes 22
  Resumo 24

2. Quatro conceitos fundamentais 27

Seus pontos de partida
  Conheça a sua MAANA 29
  Preço de reserva 38
  ZAP 39
  Criação de valor por meio de trocas 41
  Resumo 43

3. Preparação 45

Nove etapas para um acordo
  Etapa 1: Considere o que seria um bom resultado para você e para o outro lado 47
  Etapa 2: Identifique possíveis oportunidades de criação de valor 49

Etapa 3: Identifique a sua MAANA e o preço de reserva, e faça o mesmo para o outro lado   51

Etapa 4: Reforce a sua MAANA   52

Etapa 5: Antecipe-se à questão da autoridade   53

Etapa 6: Descubra tudo o que puder sobre o pessoal e a cultura do outro lado, seus objetivos e seu ponto de vista sobre o assunto   56

Etapa 7: Prepare-se para ser flexível no processo — não se atenha a uma sequência rígida   57

Etapa 8: Reúna parâmetros e critérios externos para avaliar a equidade do acordo   58

Etapa 9: Altere o processo a seu favor   58

Resumo   60

4. **Táticas para a mesa de negociações**   63

Como jogar bem

Como atrair o outro lado para a mesa de negociações   64

Como começar bem   66

Táticas para negociações ganha-perde   68

Táticas para negociações integrativas   77

Táticas genéricas: escolha de uma perspectiva e avaliação contínua   83

Resumo   88

5. **Perguntas frequentes sobre tática**   91

Respostas necessárias

Perguntas frequentes sobre preço   92

Perguntas frequentes sobre o processo   94

Perguntas frequentes sobre problemas interpessoais   97

6. **Obstáculos ao acordo**   103

Como reconhecê-los e superá-los

Negociadores intransigentes   104

Falta de confiança   107

Vácuos informativos e o dilema do negociador   109

Impedimentos estruturais   111

Espoliadores   112

Diferenças de gênero e cultura   114

Dificuldades de comunicação   116

O poder do diálogo   117

Resumo   118

7. Equívocos   121

Como reconhecê-los e evitá-los

Exagero   122

Percepções tendenciosas   125

Expectativas irracionais   127

Excesso de confiança   129

Descontrole emocional   131

Resumo   134

8. Quando o relacionamento é importante   137

Um outro conceito de vitória

A importância dos relacionamentos   138

Como a percepção do valor do relacionamento afeta as negociações   140

A maneira certa   143

Resumo   148

9. Negociações em nome de terceiros   151

Que interesses predominam?

Agentes independentes   152

Agentes não independentes   154

Problemas de representação   154

Resumo   158

10. Habilidade para a negociação   161

Como criar competência organizacional
    Aprimoramento contínuo   162
    A negociação como um recurso organizacional   166
    O que faz um bom negociador?   172
    Resumo   174

Apêndice: Ferramentas úteis de implementação   177

Notas   185

Glossário   189

Leituras recomendadas   193

Sobre o organizador   199

Sobre o escritor   201

Índice remissivo   203

Introdução

A negociação é o meio pelo qual as pessoas lidam com suas diferenças — quer estas envolvam a compra de um carro novo, uma questão trabalhista, as condições de uma venda, uma aliança complexa entre duas empresas ou um acordo de paz entre países em guerra, as resoluções normalmente passam por uma negociação. Negociar é buscar o acordo por meio do diálogo.

A negociação é uma presença permanente em nossas vidas, tanto em casa como no trabalho. Quando um pai e um filho trocam ideias sobre como a criança vai melhorar suas notas em matemática, eles estão negociando. O mesmo acontece quando um casal decide quem vai cuidar do jardim e quem fará as compras neste fim de semana. No trabalho, as negociações são ainda mais onipresentes. De fato, a origem latina da palavra (*negotiatus*) significa "cuidar dos negócios".

Uma negociação profissional pode ser mais formal, realizada na conhecida mesa de negociações, em que se regateiam preço e desempenho ou os termos complexos de uma nova sociedade, ou bem mais informal, como um encontro entre colegas cuja colaboração é necessária para a execução de determinado trabalho. Todo supervisor, gerente ou executivo provavelmente passa boa parte do seu dia negociando com pessoas dentro ou fora da organização — muitas vezes sem nem perceber. Quando fechamos uma venda ou convencemos um subordinado a concordar com certas metas de desempenho, estamos negociando.

Dada a importância das negociações em nossa vida pessoal e profissional, é fundamental melhorar nossas habilidades como negociadores. Mesmo pequenos avanços nessas habilidades podem proporcionar recompensas consideráveis, como um aumento maior de salário, um preço melhor na compra de uma casa ou um esquema de trabalho mais eficaz no escritório. Este livro pode ajudá-lo a melhorar suas habilidades e a transformar-se num negociador mais efetivo.

Baseado no que há de melhor na literatura da área, este livro explica os conceitos básicos seguidos pelos especialistas em negociação e em soluções criativas para os problemas. Está recheado de dicas e exemplos práticos que serão de grande valia tanto para sua carreira quanto para sua vida pessoal.

O que temos pela frente

O Capítulo 1 explica os tipos básicos de negociação: a distributiva e a integrativa. Na primeira, o valor à disposição das partes permanece praticamente fixo, e cada lado tenta obter a maior parcela possível desse total. Nesse caso, o ganho de uma parte dá-se em detrimento das demais — é o chamado jogo de soma zero. Na segunda, as partes lançam mão da criatividade e do compartilhamento de informações para promoverem o aumento do valor, que será depois dividido.

O Capítulo 2 passa dos tipos de negociação para quatro conceitos que todo negociador deveria compreender e saber como aplicar: a MAANA, sigla para Melhor Alternativa à Negociação de um Acordo; o preço de reserva, ponto em que você planeja desistir; a ZAP, ou Zona de Acordo Possível, dentro da qual é viável chegar a um acordo; e a criação de valor por meio de trocas. Cada conceito é explicado e ilustrado com exemplos.

O Capítulo 3 aborda a preparação. Nunca devemos entrar frios numa negociação; pelo contrário, é recomendável que antes estudemos o máximo possível a respeito de nossos próprios interesses e condições e sobre os do outro lado. Para preparar-se, você pode utilizar as etapas apresentadas neste capítulo.

Tendo aprendido os princípios básicos e sabendo o que é necessário para preparar-se, você estará pronto para o Capítulo 4 — "Táticas para a mesa de negociações". Esse capítulo mostra como levar a outra parte à mesa de negociações, como iniciá-las com o pé direito e como jogar, independentemente do tipo de negociação envolvida. Aqui, abordamos técnicas como a ancoragem e a estruturação, e mostramos como é possível, às vezes, alterar o curso das negociações a nosso favor. O Capítulo 5 dá continuidade a esta discussão, com respostas às perguntas mais frequentes acerca das táticas de negociação.

Nem toda negociação transcorre com tranquilidade — mesmo aquelas que envolvem negociadores amistosos. Diversos obstáculos — como impedimentos estruturais, falta de confiança e dificuldades de comunicação — podem prejudicar um acordo. O Capítulo 6 identifica essas barreiras e sugere modos de evitá-las. O Capítulo 7 analisa os equívocos mentais cometidos pelos negociadores na mesa de negociações — entre eles, o excesso de confiança, expectativas irracionais e a tendência a aumentar o valor das ofertas, numa ânsia egocêntrica de vitória. Novamente, o capítulo explica como se pode evitar equívocos desse tipo.

O Capítulo 8 trata de relacionamentos. Nas transações realizadas apenas uma vez, o relacionamento futuro das partes não tem importância. O objetivo é conseguir o máximo de valor possível. A compra de um tapete de um vendedor de rua é um exemplo típico. Entretanto, muitos acordos pessoais e de negócios envolvem uma série de transações ao longo do tempo, entre partes que procuram manter um relacionamento produtivo. Transações desse tipo envolvem tanto valores tangíveis como os de relacionamento. O Capítulo 8 mostra como comportar-se nesse terreno acidentado e como distinguir os valores referentes ao negócio em si daqueles ligados ao relacionamento.

O Capítulo 9 trata da negociação para terceiros. Em muitos casos, os responsáveis pela negociação são agentes independentes ou empregados dos verdadeiros interessados: um advogado que representa alguém movendo uma ação por danos, um gerente de compras que fala por sua empresa num acordo de fornecimento, um negociador do sindicato representando uma unidade local numa disputa com determinado empregador. Com frequência há excelentes motivos para empregar um agente numa negociação, como explica o capítulo, mas essa opção em geral propicia conflitos entre representante(s) e representado(s). O capítulo examina esses conflitos e as alternativas para evitá-los ou minimizá-los.

Evidentemente, é importante que as pessoas desenvolvam sua habilidade como negociadores. Mas e as organizações? O Capítulo 10 defende o conceito de se desenvolver a habilidade de negociação como uma competência organizacional. Imagine o que a sua empresa seria capaz de realizar se seus vendedores, supervisores, gerentes e executivos se tornassem negociadores cada vez melhores. Esse capítulo conjuga dois conceitos poderosos — o de aprimoramento contínuo e o das competências essenciais — para mostrar como o treinamento, a aprendizagem e a aplicação do que se aprendeu podem contribuir para o desenvolvimento da capacidade de negociação.

Este livro inclui vários complementos. O primeiro é um apêndice com planilhas úteis. Versões interativas gratuitas dessas tabelas, além de outras ferramentas encontradas neste livro e em outros volumes da série, estão disponíveis, em inglês, para *download* no *site* oficial da Harvard Business Essentials, www.elearning.hbsp.org/businesstools. O segundo é um glossário de termos. Toda disciplina possui seu vocabulário próprio, e a arte da negociação não é exceção. As palavras do texto que estão em itálico encontram-se definidas no glossário. Por fim, a seção "Leituras Recomendadas" indica livros e artigos com mais informações sobre os temas abordados neste livro. Essas publicações vão ajudar aqueles que quiserem aprofundar-se nos assuntos.

Tipos de negociação

Muitos caminhos para um acordo

Principais tópicos abordados neste capítulo

- *Negociação distributiva: reivindicação de valor*
- *Negociação integrativa: criação e reivindicação de valor*
- *O dilema do negociador: como escolher de que jogo participar*
- *Negociações desenvolvidas em várias fases e envolvendo várias partes*

EXISTEM DOIS tipos principais de negociação. É muito provável que você já tenha participado de ambos em algum momento:

- **Distributiva:** Aquela em que as partes competem pela distribuição de uma soma fixa de valor. A pergunta-chave em uma negociação assim é: "Quem vai exigir o maior valor?" Em negociações distributivas, um lado ganha à custa do outro.

- **Integrativa:** Aquela em que as partes cooperam entre si para obter o máximo possível de benefícios, conjugando seus interesses em um acordo. Esses casos implicam criação e reivindicação de valor.

Poucas negociações são puramente distributivas. Embora o confronto direto de interesses e objetivos dos negociadores seja algo corriqueiro, em geral existem oportunidades para integrar os interesses e as preferências das partes. Para fins didáticos, contudo, este capítulo examina cada tipo na sua forma pura — que enfrenta dois complicadores inevitáveis, apresentados no fim do capítulo: as negociações costumam ocorrer em etapas e podem envolver mais de duas partes.

Negociação distributiva

O ponto central de uma negociação distributiva diz respeito a quem vai reivindicar o maior valor. Algumas pessoas referem-se a esse tipo de negociação como de *soma zero* ou *constante*, mas a expressão *ganha-perde* provavelmente é mais representativa do que está em questão. Alguns exemplos clássicos são:

- A venda de um tapete, na qual o comprador e o vendedor não se conhecem. Não há relacionamento; tudo que importa é o preço, e cada lado barganha para conseguir o melhor negócio. Cada ganho de uma das partes representa uma perda para a outra.

- Negociações salariais entre donos de empresas e o sindicato de seus empregados. Os donos sabem que qualquer quantia concedida ao sindicato sairá de seus próprios bolsos, e vice-versa.

Em uma negociação puramente distributiva, o valor em questão é fixo, e o objetivo de cada lado é conseguir ficar com a maior parcela que puder. Tome como exemplo duas pessoas disputando uma torta de maçã recém-saída do forno. Cada uma visa ficar com a maior fatia possível e sabe que qualquer concessão feita ao adversário reduzirá na mesma proporção seu próprio pedaço. Considere ainda este típico exemplo de negócios:

> A Acme Manufacturing e uma fornecedora, a Best Parts Company, negociam um acordo, segundo o qual a Best Parts deverá fazer e entregar 10.000 itens específicos durante um período de seis meses. A gerente de compras da Acme foi instruída a obter o menor preço possível, e por isso empenha-se em conseguir US$ 1,75 por unidade. Por sua vez, o gerente de vendas da Best Parts tenta maximizar o preço que seu empregador vai receber e pede US$ 2 por item. Nenhum dos dois pretende discutir nada além do preço.
>
> No final, a Acme Manufacturing alcança seu preço. Com inúmeros vendedores potenciais à sua disposição, seu gerente de compras resiste até que o outro lado, sem outras opções de venda às quais recorrer, acaba cedendo e aceita US$ 1,75.

O objetivo do vendedor em um acordo distributivo é negociar o preço mais alto possível, enquanto o do comprador é exatamente o oposto. Um dólar a mais para um lado é um dólar a menos para o outro. Assim, vendedor e comprador digladiam-se para conseguir para si o maior valor. É um verdadeiro cabo de guerra. Cada negociador visa "puxar" ao máximo o acordo final para perto do preço que deseja (ou até para além dele).

Relacionamento e reputação significam pouco nessa contenda: os negociadores não estão dispostos a trocar valor no acordo por valor no seu relacionamento com o outro lado. Por exemplo, uma executiva transferida para outra área metropolitana está à procura de uma casa para comprar. Quando inicia a negociação, não está preocupada em manter uma relação de longo prazo com o vendedor da casa. É quase certo que este seja um completo desconhecido — e que continue assim após a transação.

A informação desempenha um papel importante neste tipo de negociação. Quanto menos a outra parte souber a respeito de suas fraquezas e suas reais preferências e quanto mais perceber seu poder de barganha, em melhor posição você estará. Por exemplo, não seria sensato se o gerente de vendas da Best Parts comunicasse à Acme Manufacturing que há poucos interessados nos itens de sua empresa ou que está vendendo os mesmos itens a outro fabricante por menos de US$ 2 cada. O comprador da Acme, ao contrário, não hesitaria em informar à outra parte que tem outros fabricantes de peças batendo à sua porta, todos ansiosos para fechar o negócio.

Para obter êxito numa negociação distributiva, é importante lembrar o seguinte:

- A primeira oferta pode constituir uma âncora psicológica forte, capaz de definir a amplitude da negociação. Estudos revelam que geralmente há uma correlação entre o resultado das conversações e a primeira oferta. Por isso, comece na medida certa.

- Não revele nenhum dado significativo sobre sua situação — sobretudo com relação ao motivo pelo qual você deseja fechar o negócio, quais são seus reais interesses ou restrições empresariais, suas preferências entre os vários aspectos ou alternativas, ou a partir de que ponto você se retiraria do jogo. É vantajoso, contudo, informar ao outro lado que você dispõe de boas opções caso o negócio em questão desande.

- Informações sobre a outra parte podem beneficiá-lo. Aprenda o máximo que puder sobre as condições e preferências do outro lado — inclusive sobre o motivo por que desejam fechar o negócio e seus reais interesses ou restrições empresariais, suas preferências entre os vários aspectos ou alternativas.

- Explore o conhecimento adquirido sobre a outra parte no momento de fazer sua primeira oferta ou exigência.

- Não dê um passo maior do que as pernas. Se você for agressivo ou ganancioso em sua reivindicação, o outro lado pode acabar desistindo, e você perderá a oportunidade de fechar um negócio.

Negociação integrativa

Em uma negociação integrativa, as partes competem para dividir o valor e, ao mesmo tempo, cooperam entre si para obter o máximo de benefícios, conjugando seus interesses num acordo. Nesse tipo de negociação, é preciso ser bom tanto na criação de valor quanto em reivindicá-lo.

Considere o seguinte exemplo, típico de uma negociação integrativa:

A Gomez Electronics e uma de suas principais fornecedoras, a Kraft Components Company, estão negociando um contrato para que a Kraft produza e entregue 10.000 interruptores durante um período de seis meses. A Gomez está interessada em conseguir o preço mais baixo possível, mas também pretende manter uma relação de longo prazo com a Kraft, que, ao longo dos anos, vem demonstrando ser uma fornecedora confiável e inovadora. O gerente de vendas da Kraft gostaria de maximizar o preço que sua empresa vai receber durante esse contrato, mas deve atentar também para o relacionamento, já que detestaria perder este cliente de longa data.

Como parceiras de longo prazo, as partes dispõem-se a revelar uma à outra alguns de seus interesses. Dessa forma, se uma delas tiver que ceder em relação ao preço, a outra parte terá condições de oferecer valor em alguma outra frente.

Juntos, os dois negociadores fecham um acordo que concede à Kraft o que esta deseja: US$ 2 por interruptor. Mas, em troca, ela concorda em dar à Gomez Electronics sessenta dias para o pagamento, em vez dos trinta dias dos contratos habituais. O prazo adicional de trinta dias ajuda a Gomez a reduzir suas necessidades de capital de giro durante o período do acordo. Além disso, as duas empresas concordam em colaborar na elaboração de um novo conjunto de interruptores para um produto da Gomez ainda em fase de projeto.

Exemplos como este tornam-se cada vez mais comuns na relação entre fabricantes e fornecedores, à medida que as grandes empresas mudam suas táticas e deixam de espremer seus fornecedores — e de ter de lidar com muitos deles em transações de curto prazo — para desenvolver relacionamentos de longo prazo com um número menor de fornecedores. Em muitos desses casos, fornecedores e fabricantes de equipamentos originais (OEMs, na sigla em inglês) colaboram em áreas de controle de qualidade e desenvolvimento de produtos. A frequência cada vez maior com que se tem recorrido a *joint ventures* e as terceirizações também tem motivado organizações a pensarem mais em relacionamentos e menos em vitórias no que quase sempre parece ser um jogo de soma zero.

Em uma negociação integrativa, a tarefa é dupla: 1) criar o máximo possível de valor para si mesmo e para o outro lado, e 2) reivindicar valor para si. Muitos chamam de *ganha-ganha* este tipo de esquema. Infelizmente, essa expressão sugere que todos conseguem tudo que querem, o que raramente acontece. É mais provável que todos façam concessões para conseguir aquilo que valorizam mais, abrindo mão de outros fatores menos fundamentais. No caso da relação entre um fabricante e um fornecedor que acaba de ser descrita, por exemplo, a Kraft conseguiu o preço por unidade que queria, mas fez uma concessão à Gomez Electronics em relação ao prazo de pagamento.

Há ocasiões em que os interesses dos dois lados não entram em confronto de forma alguma. Nessas situações, a tarefa é chegar a um acordo que integre os interesses de ambos da maneira mais eficiente possível. Concordar em ceder mais de algo que um negociador valoriza não requer necessariamente que o outro leve menos de alguma outra coisa que considere importante. Assim, a capacidade de um dos lados de reivindicar ou conseguir no acordo aquilo que deseja ou de que precisa não reduz necessariamente a capacidade do outro de reivindicar ou conseguir o mesmo.

Em geral, são muitos os pontos ou aspectos a serem discutidos em uma negociação integrativa além do preço, da data de entrega ou de qualquer outra questão isolada. De fato, são abundantes as oportunidades de se fazer uso da criatividade.

O especialista em negociação Mark Gordon, que cunhou a expressão "barganha colaborativa" para este tipo de negociação, afirma que as partes devem buscar opções criativas, e não se concentrarem nas concessões que precisam fazer. "Você tem de acreditar que é do seu interesse procurar meios de beneficiar o outro lado da negociação. Seu objetivo não é prejudicar a outra parte, mas ajudá-la sem se sacrificar muito — e ser, por sua vez, auxiliado por ela sem que esta se sacrifique muito. Quanto mais criativo você for ao apresentar soluções que sejam boas para ambos, mais felizes vocês dois serão."[1] Essa criatividade só é possível se ambos os lados compreenderem seus próprios interesses fundamentais e também os da outra parte.

O ganha-ganha é para valer?

A maioria dos livros e cursos práticos de negociação utiliza a expressão "ganha-ganha" para descrever negociações integrativas. Na verdade, tanto a expressão como o conceito tornaram-se tão populares que acabaram virando clichês: "Buscamos um pacto ganha-ganha com nossos clientes" ou "aqui na ExploitCo, gerência e empregados compartilham uma atitude ganha-ganha".

> Tudo isso parece realmente magnânimo. O ganha-ganha harmoniza-se com a crença cultural de que os relacionamentos deveriam ser mutuamente benéficos e não exploradores, unilaterais ou coercitivos.
>
> Mas, nem todo mundo gosta dessa expressão. Para o escritor e consultor em negociações Jim Camp, seu crítico ferrenho, o ganha-ganha é um jogo de otários, e é mais provável que leve os desprevenidos a uma derrota:
>
> *Em todas as áreas, os negociadores astutos entendem que um negociador empolgado e imbuído de mentalidade ganha-ganha, do outro lado da mesa, é presa fácil (...). Esses negociadores de fala mansa não se comprometem, mas exigem que você o faça (no caso de departamentos de compras da matriz, a concessão que fazem talvez seja a de comprarem de você e não de outra empresa), enquanto exibem uma cara feliz durante toda a negociação.*[2]
>
> O ganha-ganha, nesse sentido, segue a velha abordagem utilizada pelos soviéticos para "conseguir o sim" em suas negociações com o Ocidente na época da Guerra Fria: "O que é nosso é nosso; o que é seu é negociável."

Como contou Gordon aos leitores da *Harvard Management Communication Letter*, "se você ler textos clássicos, eles falam em posições extremas de abertura, em fazer com que o outro lado abdique de alguma coisa primeiro, em oferecer-se para dividir a diferença só depois que os dois lados tiverem lutado alguns *rounds*, e assim por diante". Do ponto de vista de Gordon, não há necessidade de concessões. "Em vez disso, procure opções criativas (...). Se há uma variedade de possíveis resultados aceitáveis, então sempre existe um conjunto de resultados que deixarão os dois lados mais felizes do que conseguiria um resultado mínimo."[3]

> ### O dilema do negociador: uma prévia
>
> Poucas negociações entre empresas são exclusivamente distributivas ou integrativas. A maioria é integrativa até certo ponto, com espaço tanto para a competição como para a colaboração. De fato, pode-se descrever melhor o campo de atuação dos negociadores como um *continuum* que compreende os dois extremos e, entre os dois, misturas de ambos. Saber em que parte desse *continuum* jogar envolve um tipo de tensão conhecido como o *dilema do negociador*. "Será que eu devo brigar pelo maior pedaço possível desta tortinha", um participante se pergunta, "mas correr o risco de ver o outro lado reivindicar o valor? Ou será que eu deveria colaborar na esperança de me dar bem?" Dúvidas desse tipo dizem respeito a escolhas estratégicas complexas, que exigem equilíbrio entre estratégias competitivas e cooperativas. No âmago da arte de negociar está a capacidade de definir se, nos pontos em que há conflito de interesses, é preferível competir e exigir mais em vez de menos ou criar valor mediante uma troca de informações que leve a opções mutuamente vantajosas.
>
> O dilema do negociador será explorado mais a fundo no Capítulo 6.

Em defesa desse ponto de vista, o famoso livro *Getting to Yes*,[*] de Fisher, Ury e Patton, transfere a atenção das pessoas de situações do tipo eu ganho/você perde para negociações integrativas, nas quais cada parte tem a possibilidade de sair satisfeita — o que não significa, ao contrário do que entendem alguns erroneamente, que todo mundo pode conseguir tudo que deseja (ganha-ganha). Os autores apresentam métodos tanto para criar valor — com foco não em posições, mas em interesses, separando as pessoas do problema em si — como para reivindicá-lo com base em princípios (identificando padrões objetivos). Da mesma forma, outros autores, principalmente David Lax e James Sebenius,

---

[*]Publicado no Brasil pela Imago Editora, com o título *Como chegar ao sim: a negociação de acordos sem concessões*. (N. T.)

em *The Manager as Negotiator,* aconselham seus leitores a concentrar suas energias no aumento do tamanho da torta, realizando trocas (criação de valor) e, ao mesmo tempo, tentando conseguir um pedaço razoável da torta assim ampliada (reivindicação de valor).

É evidente que é preciso compartilhar informações a fim de encontrar oportunidades de benefícios mútuos. Ao contrário de situações distributivas, nas quais deliberadamente não se põem as cartas na mesa, uma negociação integrativa estimula os negociadores a fazerem o seguinte:

- Fornecer informações significativas sobre suas respectivas situações.
- Explicar por que desejam fechar o negócio.
- Falar sobre seus reais interesses ou restrições empresariais.
- Revelar e explicar, em termos gerais, suas preferências entre assuntos ou opções.
- Analisar e revelar eventuais capacidades ou recursos adicionais que talvez interessem à outra parte e que poderiam ser incluídos no acordo.
- Utilizar o conhecimento adquirido para buscar opções criativas, que atendam ao máximo aos interesses de ambos os lados.

Várias fases e várias partes

A maioria das pessoas, ao pensar em negociação, imagina duas pessoas ou duas equipes sentadas à mesa, em lados opostos.[4] Cada uma dessas partes acaba por superar as diferenças existentes ou simplesmente desiste. Essa caracterização, quase sempre exata, descreve como chefes e seus subordinados diretos lidam com desempenho e questões relacionadas a pagamento, como um indivíduo negocia a compra de um carro novo, e assim por diante. Essas negociações são um a um, concentram-se em uma questão específica e em geral são concluídas em uma única reunião.

Na realidade, muitas negociações não são tão simples, envolvendo mais de duas partes e, às vezes, desenvolvidas em etapas, cada qual voltada para um dos muitos aspectos relevantes a serem abordados. Embora essas situações mais complexas estejam além do âmbito deste livro, é necessário estar atento a elas, que representam diferentes "tipos" de negociação.

Negociações desenvolvidas em várias fases

Transações realizadas em diversas fases e a perspectiva de acordos futuros oferecem vantagens importantes para partes que são dignas de confiança e gostariam de estimular comportamentos cooperativos. Nessas situações, as fases iniciais permitem que as partes desenvolvam confiança, realizando o prometido em seus acordos. O descumprimento do combinado serve como alerta para que o outro lado seja cuidadoso e crie mecanismos que reforcem os acordos firmados. As etapas iniciais também permitem que as partes fiquem familiarizadas com os estilos de comunicação e negociação uma da outra. Essa familiaridade geralmente torna as fases subsequentes mais produtivas.

Negociações envolvendo várias partes

As negociações empresariais e profissionais costumam envolver mais de dois lados, e certamente mais de duas pessoas; essas *negociações entre várias partes* podem ser muito diferentes daquelas que abrangem apenas duas partes em um aspecto importante — a possibilidade de se formarem coalizões entre as partes. Essas alianças permitem que partes mais fracas reúnam a força necessária para impor suas propostas preferidas ou, no mínimo, para barrar aquelas que consideram inaceitáveis.

Existem pelo menos dois tipos de coalizão: uma *coalizão natural*, de aliados que compartilham uma vasta gama de interesses comuns, e uma *coalizão com vistas a uma só questão*, na qual as partes divergem em uma série de assuntos, mas, geralmente movidas por razões diferentes, unem-se em apoio ou oposição a uma questão específica.

O desafio das negociações entre várias partes é gerir as coalizões, dividindo seus membros ou mantendo-os unidos, de acordo com os interesses particulares de cada um. Assim como em uma negociação entre duas partes, é fundamental entender os objetivos, interesses e relacionamentos dos vários lados, e trabalhar com base nessa compreensão.

É muito difícil romper uma coalizão natural de aliados. Por exemplo, os órgãos públicos ambientais e os grupos conservacionistas da sociedade civil possuem as mesmas agendas básicas e com frequência, ainda que sem um acordo explícito para fazê-lo, agem em conjunto para inviabilizar iniciativas de cunho desenvolvimentista.

Já a coalizão centrada em um único interesse e formada por partes que, em outras circunstâncias, permaneceriam dissociadas, em geral é mais vulnerável. Por exemplo, um sindicato de trabalhadores e um grupo conservacionista podem formar uma coalizão para impedir que um empreendedor imobiliário contrário aos sindicatos construa um *shopping center* numa área florestal. Um e outro têm motivos bem diferentes para participar da coalizão bloqueadora, o que torna possível ao outro lado semear a discórdia entre eles. Assim, se o dono do imóvel encontrar outro empreendedor que possua melhores antecedentes no relacionamento com sindicatos, é provável que o sindicato em questão deixe de se opor ao projeto e abandone os conservacionistas em sua luta. Pode ocorrer também que o empreendedor original concorde em transferir a construção do *shopping* para outro local e que, assim, o grupo conservacionista abandone o embate, deixando o sindicato como único opositor.

Resumo

Este capítulo apresentou os tipos básicos de negociação mais frequentes, e o que está em jogo em cada um deles.

- A negociação distributiva coloca duas ou mais partes em disputa por uma quantidade fixa de valor. Aqui, a finalidade de cada lado é reivindicar o máximo valor possível, como ocorre na venda de um tapete numa loja de rua. O valor ganho por uma parte torna-se indisponível para as outras.

- A negociação integrativa visa criar *e* reivindicar valor. Por meio de colaboração e troca de informações, as partes buscam oportunidades para satisfazer os principais objetivos de todos os envolvidos, admitindo que provavelmente terão de abrir mão de alguns de seus interesses.

- O dilema do negociador descreve a situação enfrentada por aqueles que iniciam qualquer tipo de barganha. É preciso escolher o tipo de jogo, ou seja, deve-se optar por reivindicar de forma agressiva o valor em questão, com o risco de se sair como perdedor, ou por trabalhar com o outro lado na criação de oportunidades ainda melhores para todas as partes.

- Qualquer negociação, não importa de que tipo seja, tende a ficar mais complexa se ocorrer em várias fases ou envolver mais de duas partes. No primeiro caso, é importante utilizar as fases iniciais para construir laços de confiança e familiarizar-se com as outras partes. No segundo, deve-se refletir sobre os benefícios gerados por uma coalizão formada para ampliar o poder de barganha de seus membros.

Quatro conceitos fundamentais

Seus pontos de partida

Principais tópicos abordados neste capítulo

- *MAANA (Melhor Alternativa à Negociação de um Acordo)*
- *Preço de reserva*
- *ZAP (Zona de Acordo Possível)*
- *Criação de valor por meio de trocas*

QUANDO não temos poder suficiente para impor um resultado desejado, em geral negociamos — mas só quando acreditamos ser vantajoso para nós fazê-lo. Uma solução negociada só será proveitosa em determinadas condições, ou seja, quando não há uma opção melhor disponível. Considere o seguinte exemplo: um dos seus melhores funcionários, Charles, está sendo cortejado por outra empresa. Substituí-lo será dispendioso, mas talvez não tanto quanto negociar alguma combinação de incentivos financeiros e mudanças na sua função que o convença a ficar e continuar colaborando. Sua calculadora mental lhe diz que o custo desses estímulos será menos penoso do que a outra alternativa que lhe resta — perder um de seus melhores funcionários.

Qualquer negociação bem-sucedida deve ter uma estrutura básica, fundamentada no conhecimento dos seguintes fatores:

- Qual é a alternativa à negociação

- Qual é o limiar mínimo para um acordo negociado

- Até que ponto cada parte está disposta a ser flexível, e que concessões está disposta a fazer.

Três conceitos são particularmente importantes para a definição dessa estrutura: a MAANA (Melhor Alternativa à Negociação de um Acordo), o preço de reserva e a ZAP (Zona de Acordo Possível). Este capítulo desenvolve esses três pontos com base em exemplos de negociações distributivas. Em seguida, expande essa estrutura para incluir um quarto conceito: a criação de valor por meio de trocas, usando desta vez o exemplo de uma negociação integrativa — e aproveitando para mostrar, com isso, como se modificam as ideias de preço de reserva e ZAP ao passarmos das negociações distributivas para as integrativas.

Conheça a sua MAANA

MAANA, conceito desenvolvido por Roger Fisher e William Ury, é o acrônimo de melhor alternativa à negociação de um acordo. Trata-se do curso de ação de nossa preferência caso não haja consenso. Conhecer a nossa MAANA significa saber o que faremos ou o que vai acontecer se não conseguirmos chegar a um acordo na negociação em pauta. Considere o exemplo a seguir:

> *Uma consultora está negociando com um cliente potencial sobre uma tarefa com duração prevista de um mês. Como não está claro que honorários ela conseguirá negociar, nem mesmo se chegará a um acordo, antes de encontrar-se com o possível cliente ela analisa sua melhor alternativa a um acordo aceitável. Neste caso, a melhor alternativa a um acordo negociado — a sua MAANA — é passar o mês desenvolvendo estudos de marketing para outros clientes — trabalho pelo qual ela calcula poder cobrar até US$ 15 mil.*

Saiba sempre qual é a sua MAANA antes de entrar em qualquer negociação; do contrário, você não vai saber se determinado acordo será proveitoso ou se é melhor desistir. Se entrarmos numa negociação sem esse conhecimento, estaremos numa posição desfavorável. Sem clareza em relação às suas MAANAs, alguns poderão rejeitar uma boa oferta, muito melhor que as demais opções, por excesso de otimismo. Por exemplo, Fred moveu uma ação por perdas e danos contra um antigo empregador, que propôs um acordo de US$ 80 mil. Só que Fred quer mais. "Sei que estou no meu direito e posso conseguir o que eu bem entender se for aos tribunais em vez de fazer um acordo", ele diz a si mesmo. Ir ao tribunal é sua melhor alternativa à proposta de acordo por US$ 80 mil. Mas até onde é uma boa opção? Fred, na realidade, não se deu ao trabalho de calcular com precisão a probabilidade de vencer no tribunal, nem o tamanho da possível indenização. Em outras palavras, não tem uma ideia real da sua alternativa à proposta de acordo do empregador.

Outros correm o risco de aceitar uma proposta ruim, menos favorável do que a que poderiam obter de outro modo se não se chegasse a um acordo ("eu provavelmente tenho outras opções, mas este me parece um bom negócio").

Um rei que conhecia sua MAANA

Muito antes da invenção do acrônimo MAANA, os bons negociadores já tinham em mente suas melhores alternativas quando lidavam com os oponentes. Considere o caso de Luís XI da França, um dos mais astutos monarcas da Europa no século XV. Quando Eduardo IV da Inglaterra atravessou o Canal da Mancha com seu exército para capturar territórios do seu rival mais fraco, o soberano francês resolveu negociar. Sabendo que sua MAANA era envolver-se numa guerra prolongada e dispendiosa, Luís calculou que seria mais seguro e barato fazer um acordo com Eduardo. De modo que assinou um tratado de paz com os ingleses em 1475, pagando 50 mil coroas adiantadas e uma anuidade de mais 50 mil coroas pelo resto da vida de Eduardo (que acabaria sendo curta). Para selar o compromisso, Luís proporcionou ao seu colega inglês e a todo o seu exército 48 horas de comida, bebida e folguedos. Além disso, encarregou o cardeal de Bourbon de ser o "alegre companheiro" de Eduardo e perdoar seus pecados à medida que ele os cometia.

> Enquanto Eduardo e seus soldados cambaleavam de volta para seus navios, pondo fim à Guerra dos Cem Anos, Luís comentou: "Expulsei os ingleses da França com muito mais facilidade do que meu pai jamais conseguiu; ele os rechaçou pela força das armas, ao passo que eu os repeli pela força de pastelões de carne e bom vinho." Este é o poder da negociação quando se conhece a própria MAANA.

Fonte: Richard Luecke, *Scuttle your ships before advancing* (Nova York: Oxford University Press, 1993), 49.

MAANAs fortes e fracas

Sua melhor alternativa a um acordo negociado determina o ponto em que você poderá dizer não a uma proposta desfavorável. Se essa MAANA for forte, você poderá negociar condições mais favoráveis, sabendo que tem algo melhor a que recorrer se não for possível chegar a um consenso. Uma MAANA fraca, por outro lado, vai deixá-lo numa posição de barganha vulnerável. Imagine a situação da consultora de nosso exemplo anterior, se ela não tivesse outro trabalho à espera. Nesse caso, sua alternativa a um acordo talvez fosse sentar-se para esperar que o telefone tocasse — uma péssima situação para se ficar durante uma negociação.

Sempre que um negociador tem uma MAANA fraca (ou não se deu ao trabalho de determinar qual seria a sua MAANA), fica difícil recusar uma proposta — por mais mesquinha que seja. E se o outro lado souber da debilidade da MAANA de seu oponente, este terá poucas condições de negociar. Não que isso impeça algumas pessoas de tentarem impor condições com firmeza. Por exemplo, no fim de 2001, um grupo organizado de desempregados franceses ameaçou fazer greve se o governo não atendesse a sua exigência de mais benefícios! É desnecessário dizer que o poder de negociação desse grupo era reduzidíssimo.

Pare um minuto para refletir sobre sua melhor alternativa a qualquer acordo que esteja negociando no momento. Você tem alguma? É forte ou fraca? Você é capaz de quantificá-la?

Como melhorar sua posição

Uma MAANA fraca não é o fim do mundo. Quaisquer que sejam as cartas na sua mão, existem três maneiras de reforçar o seu jogo:

1. Melhore a sua MAANA.

2. Descubra qual é a MAANA do outro lado.

3. Enfraqueça a MAANA da outra parte.

Cada uma dessas opções é discutida nas seções a seguir.

MELHORE A SUA MAANA — A MAANA parece ser algo fixo. Nossa consultora tem os US$ 15 mil do outro trabalho aos quais recorrer caso as negociações com o novo cliente fracassem. Mas talvez ela seja capaz de expandir o outro trabalho, melhorando assim sua MAANA e seu poder de barganha nas negociações. Por exemplo, ela pode ligar para o cliente atual e dizer: "Sabe aqueles estudos de *marketing* que você me pediu para desenvolver? Por um valor um pouco maior — digamos, mais US$ 5 mil —, eu poderia ampliar o âmbito desses estudos, incluindo estimativas de vendas dos produtos dos seus dois principais concorrentes. O que lhe parece?" Se obtiver o sinal verde para ampliar o projeto, sua nova MAANA será mais alta — US$ 20 mil.

Tudo o que puder ser feito para incrementar sua MAANA terá o efeito de reforçar sua posição de negociação. Reflita um minuto sobre maneiras de fazer isso, dadas as circunstâncias atuais.

Caso você tenha uma MAANA forte — e se tiver certeza de que ela é muito mais forte do que qualquer coisa que o outro lado possa oferecer —, não fique constrangido. Discretamente, faça com que a outra parte saiba que você está negociando a partir de uma posição forte.

DESCUBRA QUAL É A MAANA DO OUTRO LADO — O conhecimento da MAANA do seu interlocutor é outra fonte de poder na hora da negociação. A alternativa do outro ao acordo é mais forte ou mais fraca que a sua? Uma boa estimativa da MAANA do outro lado pode ser muito útil. Assim, no exemplo já dado, nossa consultora teria um poder de barganha maior se soubesse que seu cliente potencial teria de pagar US$ 25 mil para outra empresa pelo mesmo trabalho. Essa quantia seria a MAANA do cliente — e esse conhecimento ajudaria a consultora na mesa de negociação. Melhor ainda, uma rápida investigação poderia revelar que as firmas de consultoria concorrentes já estavam ocupadas nos quatro meses seguintes; se o trabalho fosse urgente, o possível cliente teria uma MAANA muito fraca, e nossa consultora poderia empenhar-se nas negociações com muito mais confiança. "Meu preço é US$ 30 mil, e posso começar o trabalho no fim deste mês."

Dessa forma, o conhecimento da MAANA do outro lado é imensamente útil quando conseguimos obtê-lo. Mas como consegui-lo? O outro negociador nada dirá, a menos que sua MAANA seja muito forte; ele pode até blefar a respeito. Às vezes, entretanto, é possível descobrir qual é a situação da outra parte. Fazer perguntas durante a negociação poderá ajudá-lo a conhecer a MAANA da outra parte, mas você também poderá saber com antecedência da seguinte maneira:

- Entrar em contato com fontes do setor
- Verificar publicações de negócios de potencial relevância
- Analisar relatórios anuais (ou informações públicas)
- Fazer perguntas informalmente sobre o negociador ou outros dentro da empresa
- Imaginar quais seriam os seus interesses, preferências e necessidades caso você estivesse no lugar de seus interlocutores.

Conhecer a MAANA do outro lado nos permite saber até onde podemos ir. Mas outros conhecimentos também são importantes. Por exemplo, quanto mais sabemos acerca das preocupações mais gerais de nossos interlocutores, seu setor, sua estrutura corporativa e outros acordos e metas, melhores condições teremos de encontrar maneiras criativas de atender aos seus interesses (de preferência, a um custo reduzido para nós).

Um alerta quanto aos valores da MAANA

Embora seja absolutamente essencial que conheçamos nossa própria MAANA e tentemos avaliar a de nossos interlocutores, devemos estar cientes de que a maioria das pessoas não sabe como fazer uma boa estimativa dos valores da MAANA. Por exemplo, Lax e Sebenius descrevem uma experiência envolvendo o valor de uma empresa à venda. "Mesmo com informações idênticas, balanços patrimoniais, receitas e similares", escrevem, "os compradores em geral calculam seu verdadeiro valor em patamares baixos, ao passo que os vendedores fazem estimativas muito mais elevadas. Já observadores neutros tendem a situar o potencial em algum ponto intermediário."[1]

A lição é que os valores da MAANA podem sofrer a influência de nossa perspectiva pessoal. Portanto, seja o mais objetivo possível. Confirme suas ideias com uma terceira parte neutra.

ENFRAQUEÇA A MAANA DA OUTRA PARTE — Tudo o que enfraquecer a alternativa do outro lado a um acordo vai fortalecer sua posição relativa. Em alguns casos, podemos enfraquecer a MAANA de nossos interlocutores diretamente.

A Final Haven, Inc., rede texana de funerárias, vinha adquirindo concorrentes de administração independente no nordeste dos Estados Unidos e estava em negociações preliminares com Jim e Barbara Stanley para a compra de seu estabelecimento, na região central de Connecticut. No início do processo, os Stanley estavam certos de *que obteriam um bom preço, já que outra casa funerária que atuava na área, a Bob's Discount Funerals, passara anos dizendo que gostaria de comprar a empresa deles. "É um belo negócio que vocês têm", disse-lhes várias vezes. "Se algum dia resolverem vender, falem comigo." Bob chegara a mencionar US$ 800 mil.*

Os Stanley pensaram que US$ 800 mil eram sua melhor alternativa ao acordo com a Final Haven. "Se conseguirmos jogar Bob contra a Final Haven", Jim Stanley comentou com Barbara, "podemos obter um preço ainda melhor — talvez US$ 1 milhão." Nem é preciso dizer que os Stanley ficaram consternados quando o jornal local anunciou: "Bob's Discount Funerals será adquirida por Rede Texana." Sua alternativa acabara de evaporar-se, deixando-os numa situação frágil diante dos representantes da Final Haven.

Nesse exemplo, a Final Haven neutralizou a outra opção de acordo de Jim e Barbara. Sua MAANA de US$ 800 mil fora varrida da mesa, deixando-lhes como única alternativa à oferta da Final Haven a continuação de suas operações. Assim, a Final Haven fortaleceu sua posição em relação ao outro lado solapando a MAANA dos Stanley. Naturalmente, a situação destes pode não ser totalmente insustentável. Talvez haja outras maneiras de reforçarem sua MAANA, como, por exemplo, atrair outro possível comprador para o jogo — talvez uma cadeia rival de funerárias.

Como determinar sua MAANA

Você gostaria de identificar sua MAANA e examinar maneiras de melhorá-la? No Apêndice você encontrará uma prática planilha cujas perguntas o conduzirão pelas etapas do processo. Tanto a planilha como outras ferramentas também podem ser encontradas, em inglês, *on-line*, no *site* da Harvard Business Essentials: www.elearning.hbsp.org/businesstools — que oferece versões interativas gratuitas das planilhas, listas de verificação e outros instrumentos apresentados nesta série.

Quando você não tem alternativas

Nenhum negociador encontra-se em posição pior do que aquele que não dispõe de uma alternativa a um acordo. Nesse caso, o outro lado pode impor os termos. A parte que não tem uma MAANA terá de *aceitar* o acordo, não *ditá-lo*. Caso você se encontre nessa situação perigosa, terá de criar alguma outra opção. Escrevendo na *Harvard Business Review,* Danny Ertel contou como a Colbún, terceira maior geradora de energia elétrica do Chile, conseguiu fazer isso:

> *A Colbún vê-se com frequência em considerável desvantagem em termos de escala e de posição negocial. Precisava negociar a capacidade de transmissão, por exemplo, com o setor de transmissão da maior concessionária de energia. Se entrasse no processo sem alternativa nenhuma, ficaria à mercê do outro lado e acabaria pagando caro. No entanto, a Colbún tinha uma política corporativa explícita que exigia a instituição de uma MAANA em qualquer negociação. Sem outras opções para a compra de capacidade de transmissão, a Colbún teve de criar uma — desenvolvendo sua própria linha de transmissão, conduzindo estudos de viabilidade e até fazendo a licitação de contratos de construção.*[2]

Como descreve Ertel, este recurso funcionou. Os preços do outro lado sofreram uma redução contínua, à medida que avançava o desenvolvimento da MAANA da Colbún.

Você está sem alternativas em alguma negociação atual — com seu chefe, com um cliente ou com mais alguém? Se estiver, pare para pensar em maneiras de criar opções. Reflita também sobre o tipo de alternativa que mais ajudaria a fortalecer sua posição.

A MAANA nem sempre é uma coisa simples

A MAANA é um conceito objetivo. Mas sua aplicação nem sempre é tão simples quanto pode parecer. A maioria das negociações empresariais envolve um sem-número de variáveis, algumas das quais não podem ser quantificadas nem comparadas — o que gera uma MAANA difusa. Por exemplo, suponhamos que você esteja pensando em comprar um Volvo sedã 2001 com transmissão automática e 45 mil quilômetros rodados. O preço de tabela da concessionária é US$ 26 mil, e ela oferece ainda uma garantia de 90 dias. Seu vizinho, entretanto, tem uma caminhonete Volvo 2001 com transmissão normal (que você prefere) e 85 mil quilômetros rodados. Ele diz que não sabe de nenhum problema mecânico e está disposto a desfazer-se dela por US$ 18 mil — sem garantia. Na sua negociação com a concessionária, o automóvel do seu vizinho parece ser a sua MAANA. Mas será um ponto de referência útil do que você pode obter caso não cheguem a um acordo?

Se o preço fosse a única variável, o Volvo do seu vizinho sem dúvida seria a sua MAANA, mas há substanciais diferenças quantitativas e qualitativas entre os dois veículos. O carro do seu vizinho custa menos e tem transmissão padrão, o que é bom para você, mas a quilometragem maior e a falta de garantia não lhe agradam. A maioria das negociações envolve complexidades semelhantes.

Numa transação que envolva preço e vários outros aspectos, como no exemplo do carro, pode-se tornar a MAANA menos vaga atribuindo-se um valor financeiro aos diversos elementos e redefinindo, assim, o valor da MAANA. Por exemplo, você pode calcular em US$ 4 mil o valor da desvantagem do Volvo do seu vizinho por sua quilometragem maior, e mais US$ 1 mil por não ter garantia. Por outro lado, você pode adicionar US$ 500 por ter transmissão padrão, da sua preferência. O resultado líquido desses ajustes é US$ 4,5 mil (ou US$ 4 mil + US$ 1 mil – US$ 500), que, somados à proposta de US$ 18 mil do seu vizinho, levam a US$ 22,5 mil — sua nova MAANA, mais significativa. Caso a concessionária reduza seu preço para esse mesmo valor, não faria diferença para você comprar qualquer um dos dois carros — pelo menos em teoria.

Nem todas as situações podem ser reduzidas a ajustes de preço, pelo simples motivo de que o preço nem sempre é o âmago de acordos negociados. Há questões qualitativas igualmente importantes. Por exemplo, para alguém que negocia a compra de uma pequena empresa pode ser importante *quando* a transação vai ocorrer e o *grau* de envolvimento de seu atual proprietário como consultor. Nesses casos, o negociador tem de poder trocar e compensar elementos tanto em sua avaliação do acordo como no desenvolvimento de sua MAANA.

Preço de reserva

O *preço de reserva* (também chamado de *base*) é o menor ponto favorável em que alguém aceita um acordo. O preço de reserva deve ser derivado da MAANA, mas nem sempre é a mesma coisa. Mas se o acordo girar apenas em torno de dinheiro, e uma oferta monetária verossímil for a sua MAANA, seu preço de reserva será aproximadamente igual a esta.

Considere o seguinte exemplo:

> *Você paga US$ 35 por metro quadrado num escritório no subúrbio. A localização é satisfatória e você acredita que o preço é justo, mas não se importaria de pagar mais para ficar mais perto dos seus clientes do centro da cidade. Ao preparar-se para negociar com um locador a fim de alugar uma sala num edifício comercial no centro, você decide que não vai pagar mais de US$ 50 por metro quadrado — este é o seu preço de reserva. Se o locador insistir em pedir mais, você pode desistir e tentar alugar um espaço em algum outro prédio, ou permanecer onde está por US$ 35 por metro quadrado (sua MAANA).*
>
> *Ao fim de uma longa rodada de negociações, o locador afirma que não aceitará menos de US$ 58 por metro quadrado — e fica irredutível. Você então encerra as negociações e desiste do acordo.*

Nesse exemplo, o preço de reserva é diferente da MAANA. A MAANA, no caso, é o aluguel da sala atual: US$ 35 por metro quadrado. Entretanto, o novo endereço tem outras características que entram na equação; fica mais perto dos clientes e talvez tenha mais atrativos, com outros recursos. Você se dispõe a assumir as despesas extras e o trabalho da mudança, mesmo que isso signifique pagar US$ 50 por metro quadrado. Qualquer valor acima disso, entretanto, já seria inaceitável. Assim, há uma diferença sutil entre a sua MAANA e o seu preço de reserva.

O fato de o dono do imóvel não aceitar menos de US$ 58 por metro quadrado indica que esse é o preço de reserva dele.

> ### Como determinar seu preço de reserva
>
> Você sabe qual é o seu preço de reserva nas negociações em que está envolvido no momento? Que variáveis afetam seu preço? Que valores você pôs na balança ao estabelecer seu preço-base? No Apêndice você encontrará uma prática planilha que vai ajudá-lo a definir um preço de reserva objetivo. A planilha e outras ferramentas podem ser encontradas, em inglês, também *on-line*, no *site* da Harvard Business Essentials: www.elearning.hbsp.org/businesstools — que oferece versões interativas gratuitas das planilhas, listas de verificação e outros instrumentos apresentados nesta série.

ZAP

A *ZAP*, ou Zona de Acordo Possível, é um terceiro conceito que se deve ter em mente. Trata-se da área ou faixa dentro da qual pode-se chegar a um consenso que satisfaça a ambas as partes. Em outras palavras, é o conjunto de acordos capazes de agradar aos dois lados.

O preço de reserva de cada parte determina as extremidades da ZAP — que, quando é o caso, situa-se no intervalo entre esses limites inferior e superior, ou seja, entre os preços de reserva das duas partes. Considere o seguinte exemplo:

Uma compradora fixou um preço de reserva de US$ 275 mil para a compra de um depósito comercial. "É o máximo que vou oferecer", ela pensa. Naturalmente, prefere pagar menos. Sem que ela saiba, o vendedor estabeleceu seu preço de reserva *em US$ 250 mil — é o mínimo que vai aceitar pelo imóvel. A ZAP, portanto, é a faixa entre US$ 250 mil e US$ 275 mil, como mostra a Figura 2.1. As duas partes podem regatear um pouco para chegarem a um meio-termo, mas um acordo dentro dessa faixa deixaria ambas satisfeitas.*

FIGURA 2.1
Zona de Acordo Possível

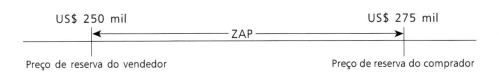

COMPRADORA: *O que você diria de uma oferta de US$ 255 mil? É um valor aceitável para mim.*

VENDEDOR: *Obrigado, mas creio que o imóvel vale mais — e posso conseguir mais se deixá-lo no mercado por mais um mês, se tanto.*

COMPRADORA: *Talvez, mas talvez não. Eu estaria disposta a pagar US$ 260 mil agora, para chegarmos a um acordo.*

VENDEDOR: *Por US$ 265 mil ele é seu.*

COMPRADORA: *Então US$ 265 mil, está fechado.*

Nesse exemplo corriqueiro, as duas partes tinham um preço de reserva e negociaram dentro da ZAP. Assim, as duas conseguiram um valor melhor do que seu preço-base. Pode-se presumir, aqui, que nenhuma delas sabia qual era o preço de reserva da outra. Como você deve imaginar, este conhecimento seria de imenso valor. Por exemplo, se soubesse de antemão o preço de reserva do vendedor, a compradora poderia ter sido mais firme, insistindo em algo mais próximo a US$ 250 mil. Às vezes, é possível estimar o preço de reserva de nosso interlocutor. Se, por exemplo, houvesse propriedades equivalentes na mesma região por US$ 260 mil, a compradora poderia supor com alguma certeza que o preço de reserva do vendedor giraria em torno desse número. Do mesmo modo, se suas investigações revelassem que o vendedor estava profundamente motivado para a venda, o comprador poderia oferecer menos.

Vejamos agora o que aconteceria se os números fossem invertidos — isto é, se a compradora fixasse um preço de reserva de US$ 250 mil e o vendedor, de US$ 275 mil. Ou seja, a primeira não pagaria mais de US$ 250 mil, mas o segundo não aceitaria menos de US$ 275 mil. Não haveria uma superposição das faixas em que as partes pudessem chegar a um acordo. Não haveria ZAP, nem possibilidade de consenso, por mais hábeis que fossem os negociadores — a menos que houvesse outros elementos de valor a considerar, ou que o preço de reserva de uma parte ou de outra fosse alterado. Por exemplo, se o vendedor do armazém descobrisse que a compradora precisava de espaço para estacionar dez caminhões de entrega, e se por acaso ele dispusesse dessa área ociosa nas adjacências, poderia oferecer as vagas como parte do pacote. Esta oferta adicional talvez resolvesse o impasse. Este seria um exemplo de como criar valor em negociações integrativas, descritas no Capítulo 1 — o que é viabilizado pelo compartilhamento de informações.

Criação de valor por meio de trocas

Outro conceito fundamental da negociação é a criação de valor por meio de trocas — segundo o qual os envolvidos na negociação podem melhorar suas posições mediante um intercâmbio de valores de que disponham. A criação de valor por meio de trocas ocorre no contexto das negociações integrativas; em geral, cada parte obtém algo de seu interesse em troca de algo a que dá importância muito menor. Considere o seguinte exemplo:

Helen e John são colecionadores de livros raros e consideram seus volumes fontes de satisfação artística e de ganho monetário. "Os livros raros me proporcionam um retorno financeiro maior que o do mercado de ações", afirma Helen com segurança, "e tenho o prazer inigualável de possuir essas primeiras edições magníficas em casa." Sua fonte de prazer e orgulho é sua série de romances de Hemingway. Ela tem a primeira edição de todos, com a exceção de Por quem os sinos dobram. *Ela está negociando com John, que tem uma cópia à venda.*

John gosta de seu Hemingway original, mas, como revelam as negociações pelo telefone, seu maior interesse é reunir as obras do historiador americano do século XIX William Prescott. No momento, possui a primeira impressão da História do Reinado de Fernando e Isabel, *em vários volumes, e vem procurando insistentemente o volume 2 de* A Conquista do México, *desse mesmo autor. Por sorte, Helen possui um exemplar da primeira tiragem do volume 2, e não se importaria de desfazer-se dele, já que não faz parte de nenhuma coleção que esteja montando. Não passa de um livro adquirido por ocasião da venda de uma herança.*

No fim das contas, John vende a Helen o livro de Hemingway — completando a coleção dela — por US$ 100 mais sua cópia do volume 2 de Prescott, que por sua vez completa a coleção dele.

Ambos ficam felicíssimos com o acordo.

Este é um caso em que dois indivíduos conseguiram criar valor, não somente exigi-lo. Ambos saíram bastante satisfeitos da negociação, o que foi possível graças aos bens trocados — cujo valor, apesar de modesto para seus donos originais, era excepcional para seus novos proprietários.

Pare para refletir por um instante sobre as suas negociações — com clientes, fornecedores e colegas de trabalho. Vocês estão disputando um cabo de guerra numa situação ganha-perde? Procure pensar em maneiras que lhe permitiriam atender ao outro lado com algo que lhe custaria muito pouco.

- Para um fornecedor, o maior valor pode assumir a forma de um prazo maior de entrega — para o cliente, o espaçamento das entregas ao longo do mês pode não ter maiores consequências, mas para um fornecedor com instalações de produção sobrecarregadas pode ser crucial.

- Para um cliente, um valor maior a baixo custo pode assumir a forma de três meses de assistência técnica gratuita, caso seja necessário. Para um revendedor seguro de que seus produtos não necessitarão de consertos naquele período, oferecer serviços de graça não terá maiores consequências nem lhe custará muito, por maior que seja o valor que o cliente lhes atribua.

- Para outro departamento da sua empresa, o valor maior pode ser encontrado na sua oferta de duas potentes estações de trabalho que a sua equipe praticamente não usa. O departamento talvez possa oferecer em troca algo que você valorize mais do que ele.

- Para um funcionário, a oportunidade de trabalhar em casa dois dias por semana pode gerar uma grande satisfação, sem que custe nada ao empregador.

Poucas das coisas mais valorizadas pelos outros terão pouco valor para você, e vice-versa. Mas isso às vezes ocorre, e basta pensar e investigar um pouco para identificá-las. Aí reside a criação de valor. Trate de proporcionar algo de valor, para então pedir algo em troca.

Resumo

Este capítulo explicou os conceitos fundamentais usados por negociadores habilidosos.

- A MAANA é a melhor alternativa à negociação de um acordo. Trata-se do curso de ação de nossa preferência caso não se chegue a um consenso. Conhecer nossa MAANA significa saber o que faremos ou o que acontecerá se não houver acordo. Nunca entre numa negociação sem saber qual é a sua MAANA.

- Caso sua MAANA seja fraca, faça o que estiver ao seu alcance para melhorá-la. Tudo o que fortalecer a sua MAANA melhora sua posição na negociação.

- Descubra qual é a MAANA da outra parte. Caso seja forte, pense em maneiras de debilitá-la.
- O preço de reserva é aquele em que o negociador racional desiste. Nunca entre numa negociação sem um preço de reserva definido.
- ZAP é a Zona de Acordo Possível. Trata-se da área dentro da qual um acordo deixará todas as partes satisfeitas. Essa faixa existe quando os envolvidos têm preços de reserva diferentes — como quando um comprador de uma casa se dispõe a pagar até US$ 275 mil e o vendedor está disposto a aceitar uma oferta de pelo menos US$ 250 mil.
- A criação de valor por meio de trocas é possível quando uma das partes possui algo a que dá menos valor que a outra — e vice-versa. Mediante um intercâmbio desses valores, as partes perdem pouco, mas ganham muito.

Preparação

Nove etapas para um acordo

Principais tópicos abordados neste capítulo

- *Como compreender os interesses e a MAANA do outro — e os seus próprios*

- *Identificação de possíveis oportunidades de criação de valor*

- *Determinação dos níveis de autoridade dos dois lados numa negociação*

- *Como compreender as pessoas e a cultura do outro lado*

- *Preparando-se para ser flexível*

- *Como demonstrar a equidade de uma posição*

- *Como alterar o processo a seu favor*

QUALQUER EMPREITADA IMPORTANTE beneficia-se de uma boa preparação. Com negociações não é diferente. As pessoas que sabem o que querem, em que estão dispostas a ceder e quais são as intenções do outro lado têm maiores chances de negociar um acordo favorável para si próprias, como demonstra o exemplo a seguir.

> *Laura, uma das melhores funcionárias de Phil, solicitou uma reunião para conversar sobre uma licença de seis meses que deseja tirar. Ela já manifestou seu desejo de tirar uma licença prolongada várias vezes nos últimos meses, mas agora fez um pedido formal de reunião. "Vamos marcar terça-feira que vem às 16 horas para conversarmos", respondeu Phil.*
>
> *Com tudo o que está acontecendo no departamento, Phil não queria nem pensar em como sua unidade iria se virar sem Laura. Assim, não parou para refletir sobre o seu pedido. "Talvez ela mude de ideia ou esqueça isso", imaginou. Só que não foi o que aconteceu.*
>
> *Quando finalmente se encontraram, Laura estava absolutamente preparada. Já havia escolhido possíveis datas para o início e o fim de sua ausência. Verificara no departamento de recursos humanos as políticas de licença e as questões de pessoal. E já previra as dificuldades que seu chefe criaria: como vamos manter o ritmo? Como vamos cumprir os prazos? Quem vai ocupar o lugar dela nas atividades de equipe? Laura preparara respostas para todas essas perguntas.*
>
> *Phil, por outro lado, tentava improvisar. Não gostava da ideia de licenças longas. "E se todo mundo resolver fazer isso?", resmungou. "Seria um caos." No en-*

tanto, a cada objeção que apresentava, Laura dava-lhe uma resposta efetiva. Ele queria sugerir alguma alternativa para uma ausência tão prolongada, mas não conseguiu pensar em nada.

No fim das contas, Laura conseguiu sua licença exatamente como queria porque havia se preparado para a discussão, e Phil não. Se estivesse preparado, Phil poderia ter encontrado um meio-termo que atendesse tanto aos seus objetivos quanto aos de Laura.

Para o negociador, preparar-se significa compreender sua própria *posição* e seus interesses, a posição e os interesses da outra parte ou partes, o que está em jogo, e soluções alternativas. Significa aprender o máximo possível sobre os conceitos apresentados no capítulo anterior: sua MAANA e seu preço de reserva, bem como os das outras partes, a zona dentro da qual é possível chegar a um acordo e as oportunidades de criar mais valor. Significa também entender as pessoas com quem se está lidando. Vamos examinar esses e outros aspectos da preparação através de nove etapas.[1]

Etapa 1: Considere o que seria um bom resultado para você e para o outro lado

Jamais entre numa negociação sem primeiro se perguntar: "O que eu consideraria um bom resultado? Quais são as minhas necessidades, e qual a ordem de prioridade entre elas?" Depois faça as mesmas perguntas da perspectiva do outro lado.

No exemplo que abriu este capítulo, Phil, o gerente, poderia ter pensado com antecedência nos resultados que teriam sido bons para ele — os que permitiriam à sua unidade atingir seus objetivos. O mais óbvio seria que Laura ficasse; mas isso não seria possível, já que a empresa tem uma política de licenças — e uma recusa pura e simples poderia levá-la a pedir demissão, criando um problema ainda maior. Essa, porém, seria a possibilidade extrema; há muitas outras que permitiriam que a unidade de Phil fizesse o seu trabalho. Por exemplo:

- Negociar uma licença mais curta.

- Agendar a licença para a época de menor movimento do ano.

- Pedir para Laura elaborar com seus colegas um plano que atendesse claramente as necessidades da unidade.

Qualquer uma dessas opções deixaria Phil satisfeito.

E a perspectiva de Laura? Se ela tiver qualquer poder de barganha, sua ideia de resultado positivo vai limitar a capacidade de Phil de obter o melhor resultado possível para si. De modo que, como parte de sua preparação, Phil deve colocar-se no lugar dela e fazer as mesmas perguntas: "O que seria um bom resultado para Laura? Quais são as suas necessidades, e qual a ordem de prioridade entre elas?" Logicamente, Phil só terá condições de responder a essas indagações se, antes de mais nada, compreender Laura e suas razões para desejar uma licença.

Uma vez que Phil não se deu ao trabalho de entender o lado dela, vamos brincar de telepatia e descobrir o que ela está pensando.

Preciso dar mais atenção ao meu filho Nathan. Ele é um adolescente muito dispersivo, e isso está aparecendo no boletim escolar dele. Ele não tem feito os deveres de casa, não presta atenção nas aulas e suas notas são as piores possíveis. Alguém precisa colocá-lo nos eixos, ou ele nunca vai entrar numa faculdade decente ou desenvolver bons hábitos de trabalho. Ele precisa de alguém em casa quando chegar da escola para impor-lhe hábitos de estudo e proporcionar-lhe um jantar em família, durante o qual as pessoas escutem umas às outras. O pai não pode fazer isso, viaja demais. E eu não consigo, com um emprego em tempo integral. Não chego em casa antes das 18h30, e a essa hora já estou esgotada. A longa viagem de volta para casa todos os dias está me matando.

Preciso de algum tempo para colocar esse menino nos trilhos. Seis meses devem bastar. Não podemos nos dar ao luxo de perder a minha renda, mas também não podemos continuar deixando nosso filho se perder.

Se Phil tivesse se preparado, informando-se a respeito do motivo que fazia Laura querer a licença, poderia ter oferecido uma ou várias alternativas boas para ela.

Os especialistas em negociação enfatizam os interesses das diferentes partes quando insistem em que as pessoas se preparem. Sem que esses interesses sejam entendidos — tanto os nossos quanto os de nossos interlocutores —, em geral não se chegará a um resultado satisfatório. Mas nem sempre é fácil descobrir o que o outro quer, sobretudo quando este dissimula — como no exemplo de um representante comercial autônomo que negocia com um fabricante o direito exclusivo de distribuição de seus equipamentos em determinada região do país. Os negociadores do fabricante nada podem revelar acerca de suas intenções a longo prazo em relação ao seu interlocutor porque pretendem, em algum momento, substituí-lo por um vendedor próprio.

Os interesses dos dois lados às vezes são revelados por meio do diálogo na mesa de negociações. Mas isso nem sempre ocorre — sobretudo em acordos distributivos, do tipo ganha-perde. Caso você não consiga descobrir os interesses do outro lado, aproveite todas as oportunidades de comunicação para sondá-los — ou tente utilizar a lista de verificação sobre "Como avaliar a posição e os interesses da outra parte", que se encontra no Apêndice. (Essa planilha e outras ferramentas, em inglês, podem ser encontradas *on-line*, no *site* da Harvard Business Essentials: www.elearning.hbsp.org/businesstools.)

Etapa 2: Identifique possíveis oportunidades de criação de valor

Depois de entender o que seria um bom resultado do seu ponto de vista e do ponto de vista dos seus interlocutores, você poderá então identificar as áreas de intercessão, consenso e oportunidades para trocas favoráveis. Se Phil acabasse percebendo que o principal problema de Laura era o equilíbrio entre a vida profissional e a familiar, por exemplo, poderia pensar num punhado de alternativas viáveis, que permitiriam que ambas as partes atingissem a maioria de seus objetivos, ou todos. Por exemplo:

- Uma redução do horário de Laura — das 9h às 14h. Laura estaria em casa a tempo de cuidar do filho, e Phil poderia aproveitar a diferença de seu salário para contratar um empregado temporário para preencher a lacuna das 14h às 17h.
- Laura poderia trabalhar em casa das 8h às 15h30 — o que resolveria seu problema de demora para chegar em casa, atenderia ao seu desejo de proximidade com o filho no fim da tarde *e* eliminaria sua preocupação com a perda de uma receita significativa. Os interesses de Phil, por sua vez, seriam satisfeitos se Laura fizesse um plano para entregar dentro do prazo todo o seu trabalho.

Laura poderia considerar qualquer uma dessas alternativas melhor do que seu pedido inicial de licença, já que ela estaria em casa no início da tarde e ainda manteria a maior parte de sua remuneração, ou toda — além de não criar maiores transtornos para a unidade de Phil. Neste sentido, a negociação criaria valor. Laura disporia do tempo necessário para equilibrar trabalho e família, e Phil conservaria uma boa funcionária e manteria o departamento funcionando sem alterações.

Sempre que se cria valor, é preciso responder à pergunta sobre quem o exigirá. Uma das partes pode reivindicar 100% dele, ou ele pode ser dividido de alguma forma. Naturalmente, quando ajudamos a criar valor numa negociação, queremos receber uma parte — seria um direito nosso. É o que fazem os vendedores nas negociações para incorporações de empresas.

> *A Wholesome Products, Inc. está sendo comprada pela Conglomerated Foods, numa aquisição amistosa. Embora as ações da Wholesome sejam comercializadas por US$ 50 cada no mercado, a Conglomerated está disposta a pagar US$ 65 por ação. Por quê? Entre outros motivos, a compradora antevê uma valiosa sinergia na união das duas empresas. Esse valor extra não existe na Wholesome como companhia autônoma, e talvez não existisse se fosse outra empresa a fazer a aquisição. No entender da Conglomerated, contudo, a inserção da Wholesome em sua carteira equivale a somar dois mais dois e obter cinco.*

Ao concordarem a respeito da valorização do preço das ações, as duas empresas do exemplo acima reivindicam o valor recém-criado: os acionistas da Wholesome recebem mais e, mesmo a esse preço, a gerência da Conglomerated julga ter feito um bom negócio em virtude das sinergias previstas.

Etapa 3: Identifique a sua MAANA e o preço de reserva, e faça o mesmo para o outro lado

No capítulo anterior, examinamos em profundidade a MAANA e o preço de reserva. Voltamos a mencionar aqui esses conceitos por serem elementos fundamentais para a preparação.

Voltando ao exemplo de Phil e Laura, qual é a MAANA de Phil? Embora a história não nos forneça detalhes suficientes para sabermos ao certo, parece que Phil sequer refletiu acerca de sua MAANA. Ele não tem ninguém na manga para substituir Laura caso ele diga "não" e ela se demita. Se ele se esquivar de negociar o pedido de licença, terá de enfrentar uma das seguintes situações: 1) lidar com uma funcionária insatisfeita, caso ela fique, ou 2) contratar um substituto, caso ela vá embora. Nenhuma das duas perspectivas é agradável, do ponto de vista de Phil. Se Laura imaginar isso durante seus preparativos, ela estará em melhores condições de negociar.

A MAANA de Laura também é limitada. Se ela não negociar com Phil, é muito provável que ela consiga sua licença, já que a política da empresa prevê esse tipo de afastamento. Mas se ela disser "se não me conceder minha licença, vou processá-lo", sua situação na empresa ficaria profundamente abalada — o que ela não quer. Assim, sua melhor alternativa a um acordo negociado pode ser pedir demissão e passar seis meses procurando um novo emprego. Se Phil compreender isso, estará mais preparado para negociar.

Etapa 4: Reforce a sua MAANA

Conforme comentamos no capítulo anterior, tudo o que você puder fazer para incrementar a sua melhor alternativa a um acordo negociado vai deixá-lo numa posição mais forte. No caso de Phil e Laura, Phil poderia ter reforçado sua MAANA na fase da preparação se tivesse encontrado outro funcionário que estivesse disposto e em condições de ocupar o lugar de Laura, caso ela se mostrasse inflexível demais. O melhor argumento de Laura nessa negociação é sua importância para o bom funcionamento da unidade; se ela passasse a ser "substituível", perderia boa parte de sua força.

O reforço de nossa própria MAANA é um aspecto importante de qualquer preparação, embora não se restrinja à fase "preparatória". Os bons negociadores empenham-se em melhorar suas respectivas MAANAs antes *e* durante as conversações com o outro lado.

Não pareça ávido demais

O escritor e consultor Jim Camp recomenda a seus leitores que evitem parecer "necessitados" — o que equivaleria a ter uma MAANA fraca. Negociadores experientes saberão tirar vantagem de tanta avidez. Se ela não se manifestar, eles farão todo o possível para estimular a necessidade em seus oponentes:

> *Os negociadores mais durões são especialistas tanto em detectar a avidez em seus adversários quanto em criá-la. Os negociadores de corporações gigantescas, principalmente, têm como aumentar as expectativas de seus adversários fornecedores simulando cenários exagerados e róseos de pedidos imensos, joint ventures, alianças globais, tudo com o objetivo de incitar a ansiedade do adversário. (...) Uma vez consolidada a avidez, podem impor mudanças, exceções e (...) exigências de concessões.*[2]

> Podemos evitar parecer ávidos criando uma MAANA forte — e deixando claro para o outro lado que estamos prontos a abandonar a mesa de negociações caso ele exija concessões demais.

Etapa 5: Antecipe-se à questão da autoridade

O senso comum insiste em que o negociador do outro lado da mesa possua plena autoridade; do contrário, arriscamo-nos a ser vítimas do velho truque do "vendedor de carros": quando estamos prestes a chegar a um acordo com o vendedor, ele avisa que "vou ter de confirmar isso com o meu gerente". Em outras palavras, a negociação com o vendedor é usada para nos levar ao nosso limite; a segunda negociação, com o gerente, tem o objetivo de nos forçar a ultrapassá-lo.

Existem vantagens reais em negociarmos com a pessoa que tem o poder de assinar na linha pontilhada:

- Todos os nossos argumentos são ouvidos diretamente pelo responsável pela decisão.
- Os benefícios do bom relacionamento estabelecido na mesa de negociações provavelmente se refletirão no acordo e em sua implementação.
- Há menos probabilidades de contendas ou mal-entendidos a respeito de itens específicos.
- Evita-se o truque do "vendedor de carros" descrito anteriormente.
- Se nosso objetivo é deixar a pessoa do outro lado da mesa ansiosa para fazer um acordo conosco, o esforço de nada servirá se o verdadeiro responsável pela decisão estiver nas sombras.

Portanto, empenhe-se ao máximo para identificar o verdadeiro responsável pela decisão. Não tenha medo de perguntar: "Quem vai tomar esta decisão?" Se a pessoa não fizer parte da equipe de negociadores, sugira que seja incluída. "Se é o Sr. Jones que vai resolver, não seria melhor que ele estivesse aqui com a gente? Assim, poderemos evitar mal-entendidos e economizar tempo." Caso o encarregado do seu lado esteja presente, pressione o outro lado a adotar a mesma atitude.

Procure ainda descobrir *como* seus interlocutores tomarão sua decisão. Ela depende de um só indivíduo, uma equipe ou um comitê? A decisão vai ser jogada de um lado para o outro na organização durante uma ou duas semanas? Não hesite em perguntar sem rodeios: "Que tipo de processo decisório vocês utilizam numa questão como esta?"

Na prática, você nem sempre conseguirá negociar com o indivíduo (ou comissão) que detém a autoridade final. Mesmo acordos negociados pelo presidente dos Estados Unidos — que pode ser considerado o indivíduo mais poderoso do país — têm de ser ratificados pelo Senado americano.

Lidar com negociadores desprovidos de autoridade plena, entretanto, pode ter suas vantagens: eles podem ter mais liberdade para discutir os interesses da empresa e explorar opções criativas. Se você estiver conversando com alguém que não tenha autoridade total, encare isto como uma liberação da necessidade de assumir compromissos. Mas tenha em mente os seguintes cuidados:

- Confirme a regra básica de que nenhum dos lados vai comprometer sua respectiva empresa na negociação (se eles não estiverem assumindo compromissos, você também não precisa fazê-lo).

- Sugira que se aproveite a oportunidade para discutir seus respectivos interesses e apresentar alternativas e combinações de fatores criativas.

- Ao negociar aspectos financeiros, mantenha algum *espaço de manobra*, para o caso de o negociador final ser mais insistente na segunda rodada. Sem esse recurso, deixe muito claro que esta é a sua melhor oferta.

Em vez de insistir em que seu interlocutor possua total autoridade, é mais importante averiguar o nível real de autoridade de quem se senta do outro lado da mesa, a fim de poder organizar-se. Assim sendo, procure verificar o seguinte:

- Quem estará na mesa de negociações
- Qual é o cargo dessa pessoa e sua área de responsabilidade
- Há quanto tempo o representante do outro lado trabalha na empresa
- Como é a estrutura da empresa (é muito hierarquizada, com os poderes decisórios concentrados no topo, ou é relativamente descentralizada?)
- Como o negociador é visto dentro da organização (goza do respeito geral e costuma ser ouvido, ou não?)

Sem dúvida, pode ser difícil obter essas informações, mas vale a pena investigar. Se você conhecer outros personagens do setor ou da comunidade empresarial, talvez consiga essas informações com uma ou duas ligações informais.

Se você descobrir que o negociador do outro lado tem muito pouca autoridade formal e não é nem respeitado nem ouvido pelos encarregados da decisão, você estará em maus lençóis. O trabalho com essa pessoa pode não passar de uma perda de tempo. Portanto, tente conseguir outro representante para participar das negociações. Uma maneira diplomática de fazer isso é explicar que você irá acompanhado de um colega (ou com mais autoridade formal, ou porque a recomendação dos dois terá mais peso), e peça que seu interlocutor faça o mesmo.

De sua parte, saiba sempre exatamente quanta autoridade terá numa negociação. Por exemplo:

- Você tem autorização somente para comprometer-se dentro de uma faixa predeterminada de possibilidades já aprovadas pela comissão? E se conseguir negociar algo melhor? O que a comissão consideraria algo melhor?
- Você tem autorização para comprometer-se com um acordo que cumpra determinados objetivos financeiros, com liberdade para estruturá-lo da melhor maneira possível? A empresa preferiria que você submetesse o acordo à sua análise e aprovação formal?

- Sua autoridade é limitada em relação a questões financeiras, mas não a outras opções criativas sem implicações monetárias relevantes?

- Você tem autorização para fornecer informações sobre as necessidades, os interesses e as preferências de sua empresa, caso seus interlocutores iniciem um intercâmbio recíproco e de boa-fé?

Talvez você se sinta frustrado se não receber a autoridade desejada, mas pelo menos não ultrapassará seus limites inadvertidamente. Também aqui, menos autoridade às vezes pode ser melhor. A necessidade de confirmar determinadas decisões pode ser proveitosa em termos estratégicos, e pode permitir que você seja mais criativo ao imaginar.

Etapa 6: Descubra tudo o que puder sobre o pessoal e a cultura do outro lado, seus objetivos e seu ponto de vista sobre o assunto

Negociar é, no fim das contas, uma atividade interpessoal. Os negociadores experimentados estão cientes disso, e fazem questão de levantar o máximo de dados a respeito de seus interlocutores. Quem são aqueles indivíduos sentados do outro lado da mesa? São negociadores experientes ou novatos? São do tipo agressivo ou do tipo conciliador, que se esquiva de conflitos? A cultura de sua organização é burocrática ou empreendedora? Quem se senta à mesa está autorizado a fechar o acordo ou precisa pedir instruções e aprovação de seu chefe? E, talvez mais importante, o que pretendem conseguir e qual a importância desta negociação para seus negócios? A busca de respostas para essas perguntas não só faz parte da preparação que deve anteceder a negociação como deve prosseguir na própria mesa. Você pode, por exemplo, pedir que o outro lado lhe forneça os nomes e cargos da equipe de negociadores. Com esses nomes em mãos, saia perguntando, na empresa ou no setor: "O que alguém pode me dizer sobre essas pessoas? Alguém já lidou com elas antes?" Seus cargos talvez ajudem a saber se têm ou não permissão para fechar um negócio.

Etapa 7: Prepare-se para ser flexível no processo — não se atenha a uma sequência rígida

As negociações nem sempre seguem uma trajetória previsível ou linear. Os relacionamentos às vezes se deterioram. Desdobramentos inesperados podem levar um dos lados a retirar-se ou paralisar as conversações. Oportunidades recém-descobertas estimulam o outro lado a resistir mais. Um negociador é substituído. Esses acontecimentos significam que as partes têm de estar preparadas para avançar sem uma noção muito clara do terreno em que estão pisando. Precisam também exercitar a paciência, porque muitas negociações são cíclicas. Os gerentes habituados ao ritmo das operações — em que "vamos resolver isto agora mesmo" é a palavra de ordem — não são muito propensos à paciência; no entanto, esta é uma virtude necessária em qualquer negociação.

Eis algumas coisas que podemos fazer para sermos mais flexíveis nas negociações:

- Partir da premissa de que o processo não vai se desenrolar de maneira previsível e linear.

- Estar preparado para mudanças em ambos os lados: gente nova e reviravoltas imprevistas.

- Tratar cada mudança como uma oportunidade de aprendizado.

A flexibilidade é importante, mas seja flexível dentro do contexto de um objetivo mais amplo. Se, por exemplo, sua meta em determinada negociação for adquirir uma determinada empresa, mantenha-a acima de todo o resto. Altere o ritmo conforme a necessidade. Tenha paciência caso haja atrasos inesperados — mas jamais permita que esses empecilhos o levem a perder de vista seu objetivo final.

Etapa 8: Reúna parâmetros e critérios externos para avaliar a equidade do acordo

Os dois lados querem acreditar que o acordo alcançado é justo e razoável — e, caso as partes esperem desenvolver um relacionamento duradouro, é fundamental a sensação de justiça e correção. Nenhuma das duas deve achar que foi forçada a engolir um mau negócio.

Em geral, pode-se recorrer a critérios externos ou "objetivos" para determinar o que é justo e razoável. Por exemplo, você deve ser capaz de dizer algo como:

> *Passei algum tempo pesquisando a estrutura das comissões utilizadas pelas imobiliárias da região metropolitana. Como vocês podem ver, para as propriedades avaliadas entre US$ 1 milhão e US$ 3 milhões, o valor das comissões varia entre 3% e 5%, o que leva a uma média de 4,4%. Portanto, acreditamos que nossa proposta de uma comissão de 4,5% é justa e razoável.*

Como existem muitos critérios relevantes de justiça e equidade, um aspecto importante da preparação é: 1) pesquisar que critérios aplicar, 2) preparar-se para demonstrar por que os mais favoráveis a você são também os mais convenientes e 3) preparar-se para demonstrar por que os menos favoráveis a você são, também, menos pertinentes. Caso você consiga convencer o outro lado de que determinado critério é justo ou razoável, será mais difícil para seus interlocutores recusarem uma proposta que o incorpore, e maiores serão as probabilidades de eles ficarem satisfeitos com o acordo.

Etapa 9: Altere o processo a seu favor

Você alguma vez já sentiu que suas ideias estavam sendo ignoradas numa reunião ou durante uma negociação formal? Já lhe pareceu que uma reunião foi "armada" para engendrar determinado resultado — independentemente da sua colaboração ou de outros? Em caso afirmativo, considere as seguintes explicações possíveis:

- A pessoa ou entidade que definiu a pauta o fez com um resultado específico em mente, que a beneficiaria.
- Os envolvidos estão se curvando a alguém dotado de mais influência na organização — não obstante a sua argumentação.
- A sua é uma voz solitária, em dissonância com os demais.

Qualquer uma dessas explicações pode isolá-lo e impelir os resultados numa determinada direção preferida — ou ditada — por outra pessoa. O remédio é trabalhar longe da mesa para alterar o processo. As "jogadas de processo", como descritas por Deborah Kolb e Judith Williams, "não visam aos aspectos substantivos da negociação". Pelo contrário, afetam diretamente a maneira de encará-los. "A pauta, o trabalho preparatório de base e a sequência em que as ideias e pessoas são ouvidas — todos esses elementos estruturais influenciam a receptividade dos outros a opiniões e exigências."[3]

Se você alguma vez já acompanhou a negociação de conflitos internacionais no noticiário da TV, provavelmente reparou que os diplomatas experientes não atacam o problema de imediato. Em vez disso, passam meses tentando chegar a um acordo sobre o local do encontro, seus participantes e até sobre o formato da mesa de negociações. Todos esses aspectos referem-se a jogadas de processo, e a boa preparação deve incluir o cuidado com esses itens. Kolb e Williams fazem as seguintes recomendações específicas a esse respeito:

- **Trabalhe nos bastidores para convencer os outros das suas ideias.** Uma reunião formal nem sempre é uma boa oportunidade para se fazer uma defesa minuciosa de determinada tese ou debater uma questão complexa — sobretudo quando são os adversários que controlam a pauta. Portanto, convença os demais participantes um a um, fora das reuniões formais. Concentre-se nos que são os mais respeitados e influentes. Se você conseguir convencê-los do mérito de suas ideias, eles o apoiarão quando seus interlocutores tentarem ignorar a sua posição durante os encontros. Melhor ainda, forme uma coalizão de apoio fora das negociações.

- **Reformule o processo.** Se você vem sendo marginalizado numa série de reuniões ou negociações, o motivo pode estar no processo. Considere o seguinte exemplo: a enfática e arrogante diretora de um departamento planejou uma reunião em termos de sua necessidade de mais recursos — que terão de ser desviados da sua divisão. Ela está preparada para brigar pelo máximo que puder, confiando em que os outros participantes da reunião serão neutros, já que não serão afetados. Você pode contra-atacar deslocando a perspectiva do encontro das "necessidades dela" para as "necessidades da empresa" — o que lhe conferiria uma aura de equilíbrio e diplomacia, e ajudaria os demais a perceber que a ambição da outra diretora também os afeta.

Veremos mais sobre a questão da reformulação no próximo capítulo.

Ao preparar-se para uma negociação, reconheça que jamais saberá tanto quanto gostaria. A investigação a respeito dos problemas e do outro lado é sempre limitada pelo tempo, pelo custo da coleta de informações e pelo fato de que certos dados serão escondidos deliberadamente. Portanto, esteja preparado para fazer novas descobertas durante o desenrolar das negociações.

Resumo

Se você pretende ser um bom negociador, reserve o tempo necessário para preparar-se bem. Este capítulo apresentou nove etapas preparatórias:

1. Saiba o que seria um bom resultado, do seu ponto de vista e do de seus interlocutores.

2. Procure oportunidades de criar valor no acordo.

3. Saiba qual é a sua MAANA e qual o seu preço de reserva. Faça um esforço para calcular esses pontos de referência para o outro lado.

4. Se a sua MAANA não for forte, descubra maneiras de reforçá-la.

5. Descubra se a pessoa ou a equipe com que está lidando tem autoridade para fechar um acordo.

6. Saiba quem são os seus interlocutores. Descubra o máximo que puder sobre o pessoal e a cultura do outro lado, e como estão encarando a questão.

7. Se o relacionamento futuro com a outra parte tiver importância, reúna parâmetros e critérios externos que demonstrem que a sua proposta é justa e razoável.

8. Não espere que o processo se desenrole de maneira linear. Esteja preparado para tropeços no meio do caminho e atrasos periódicos.

9. Modifique a pauta e as jogadas de processo a seu favor.

Táticas para a mesa de negociações

Como jogar bem

Principais tópicos abordados neste capítulo

- *Como atrair o outro lado para a mesa de negociações*
- *Como garantir um bom começo*
- *Como explorar o poder da ancoragem*
- *Como usar jogadas de concessão*
- *Táticas para negociações integrativas (ganha-ganha): escuta ativa, exploração de interesses complementares e pacotes de opções para acordos mais favoráveis*
- *Táticas genéricas: escolha de perspectiva e avaliação contínua*

A MAIORIA DOS NOVATOS inicia negociações com a cabeça fervilhando de preocupações. Será que devem ser duros ou amistosos? Devem insistir em seu preço ou estar preparados para fazer concessões? Será melhor lutar para obter o máximo que puderem ou procurar um resultado justo? Devem fazer a primeira oferta ou esperar para fazerem uma contraproposta? Este capítulo trata desses e de outros aspectos táticos, tanto para negociações integrativas como distributivas.[1] Começaremos por uma tática que pode ser usada para iniciar a partida — isto é, para atrair o outro lado para a mesa de negociações.

Como atrair o outro lado para a mesa de negociações

Antes de tratarmos das *táticas* das negociações propriamente ditas, analisemos algumas táticas para convencer o outro lado a negociar. Em muitos casos, as conversações não avançam porque uma ou mais partes simplesmente não estão interessadas — estão satisfeitas com o *status quo*. Não veem motivo para negociar — e, se tiverem um poder organizacional maior que o nosso, podem repudiar nossos esforços com comentários do tipo: "Não vejo motivo algum para considerar essa hipótese — está tudo bem como está?" Ou: "Estamos tão apertados com o orçamento que só vou poder pensar nisso, no mínimo, no próximo trimestre."

Escrevendo na *Harvard Business Review*, Deborah Kolb e Judith Williams comentam: "Essa resistência é uma parte natural do processo informal de negociação. De modo geral, só daremos a devida atenção a um problema quando acreditarmos em duas coisas: a outra parte possui algo desejável e nossos próprios objetivos só serão atingidos se oferecermos alguma coisa em troca. A disposição para negociar é, portanto, uma confissão de necessidade mútua."[2]

Mais precisamente, os resistentes precisam chegar à conclusão de que, se negociarem, vão ganhar — e, do contrário, sairão perdendo. Kolb e Williams sugerem três medidas que podem ser tomadas para ajudar interlocutores relutantes a se convencerem disso:

1. **Oferecer incentivos.** Do que o indivíduo relutante precisa: dinheiro, tempo, seu apoio? Descubra quais são suas necessidades e apresente-as como possíveis benefícios de uma negociação. Por exemplo, se o seu chefe, o gerente de vendas, estiver relutando em lhe conceder tempo para trabalhar numa reestruturação do sistema de estoque da empresa, explique como um sistema aperfeiçoado ajudará a resolver um de seus problemas — as vendas perdidas por causa da falta de itens no estoque.

2. **Atribuir um preço ao *status quo*.** Explicite o custo de deixar de negociar. Kolb e Williams dão o exemplo de uma mulher cujo chefe a promoveu e delegou-lhe responsabilidades adicionais, mas estava sempre adiando a discussão sobre um aumento. Frustrada com sua inércia, ela descobriu uma maneira de chamar sua atenção — obteve uma proposta de emprego de outra firma. O chefe ficou de repente muito interessado em resolver a questão de seu aumento de salário há muito devido. Ele tinha de negociar ou enfrentar o dispendioso e demorado processo de substituir uma subordinada eficiente. Em outras palavras, percebeu o custo do *status quo*.

3. **Conquistar apoio.** Às vezes, nossos aliados são capazes de obter o que outras medidas não conseguem. Por exemplo, se o gerente de vendas descrito acima insistir em não lhe conceder tempo para melhorar o sistema de es-

toque, procure aliados com suficiente poder organizacional *e* motivos para apoiar suas intenções. A principal executiva financeira, por exemplo, provavelmente será favorável a qualquer plano que melhore o gerenciamento dos estoques — sabendo que sua melhor administração significará menos exigências de capital de giro, o que será bom para ela. Quando o gerente de vendas perceber que a questão chegou no nível da gerência sênior, provavelmente vai se dispor a negociar.

Se você lançar mão de uma ou mais dessas táticas, a outra parte verá as vantagens de negociar com você.

Como começar bem

Depois de atrair seu interlocutor para a mesa de negociações, é fundamental que o início seja tranquilo. Para tanto, deve-se começar aliviando a tensão geralmente presente. Procure fazê-lo em suas palavras iniciais:

- Manifeste respeito pela experiência e perícia do seu interlocutor.
- Apresente a tarefa de maneira positiva, como uma empreitada conjunta.
- Saliente a sua receptividade aos interesses e preocupações do outro.

Ao fim dessas primeiras palavras, passe para a pauta, certificando-se de que ambas as partes compreenderam as questões que serão abordadas. Em seguida, discuta explicitamente o processo, sobretudo porque as pessoas costumam fazer suposições diferentes sobre o modo como a negociação deve se desenrolar. Alguns imaginam que se vai regatear; outros esperam que sejam feitas propostas logo no início, e outros ainda preferem começar por um debate franco das questões envolvidas. Ouça atentamente a discussão do processo: ela lhe revelará muito a respeito do estilo de negociação de seu interlocutor. Ofereça-se para explicar alguns dos seus interesses e preocupações primeiro — uma demonstração de boa-fé e de que você está preparado para revelar informações, desde que a recíproca seja verdadeira. Caso o outro lado não retribua com informações, tome muito cuidado ao fornecer novos dados.

Dicas para estabelecer o tom correto

O ambiente em que ocorre a negociação pode afetar o nível de atenção e abertura predominante. Caso lhe convenha reduzir a tensão e buscar um debate colaborativo, siga as dicas abaixo:

- Jamais subestime o valor de "repartir o pão". Em praticamente todas as culturas, comer junto com outras pessoas é um ritual de aproximação. Portanto, tenha sempre café, refrigerantes e comidinhas à mão.

- Comece falando de amenidades a fim de dissipar a tensão, baixar a guarda natural das pessoas e iniciar o processo de criação de relacionamentos. Mesmo numa negociação ganha-perde, jogar conversa fora ajuda os envolvidos a se conhecerem melhor e a avaliar a sinceridade um do outro — além de poder relaxar as pessoas a ponto de levá-las a buscar oportunidades de criação de valor.

- Aproveite o que o bate-papo revela sobre o estilo e jeito do outro negociador.

- Se o outro lado for muito formal, não adote um linguajar casual demais — o que poderia ser interpretado como falta de seriedade da sua parte. Caso seu interlocutor seja claramente informal, fale de maneira mais casual, talvez valendo-se de metáforas com que ele se sinta bem.

Táticas para negociações ganha-perde

Em determinadas negociações, todos os ganhos de uma das partes representam uma perda para a outra. No Capítulo 1, nós as definimos como negociações distributivas. Nem todas as negociações jogam uma parte contra a outra, mas isso é muito comum. As táticas descritas nesta seção vão nos ajudar a ter mais êxito em situações desse tipo.

Ancoragem

A *ancoragem* é uma tentativa de definir um ponto de referência em torno do qual as negociações girem. Em certos casos, pode ser vantajoso fazer a primeira proposta, que constituiria então uma poderosa âncora psicológica, tornando-se o ponto de referência das disputas subsequentes entre os participantes. Como descrevem Max Bazerman e Margaret Neale, as posições iniciais "afetam a percepção dos dois lados quanto aos resultados possíveis".[3] Considere o seguinte exemplo:

> Jake pôs à venda sua casa no Lago Deer Tail. A casa tinha um projeto sem igual, uma área grande de frente para o lago e inúmeros confortos. "Se eu conseguir US$ 350 mil, fico satisfeito. Do contrário, fico com ela por mais um ano." O corretor sugeriu que ele colocasse a casa no mercado por US$ 395 mil, e foi o que fez.
>
> Nas semanas seguintes, o preço anunciado por Jake foi o ponto de ancoragem das negociações com quatro possíveis compradores, todos forasteiros. Três deles fizeram propostas num patamar ligeiramente inferior (US$ 370 mil, US$ 375 mil e US$ 390 mil), na esperança de fecharem um acordo com Jake dentro de uma média. A quarta, percebendo a concorrência feroz pela casa que ela tanto desejava, dispôs-se a pagar o preço pedido.

Este exemplo salienta os efeitos da ancoragem. Nas circunstâncias adequadas, a primeira parte a fixar um valor (ou conjunto de condições) na mesa de negociações assegura uma importante vantagem psicológica. De fato, estudos demonstram que os resultados das negociações tendem a estar relacionados à oferta inicial.

Quando se deve estabelecer uma âncora? Pode ser inteligente fazê-lo quando se tem uma boa ideia do preço de reserva da outra parte. Se você estiver muito inseguro em relação a esse dado, pode estimulá-la a dar o primeiro passo.

Onde devemos lançar nossa âncora? Numa negociação em que o objetivo principal seja reivindicar o valor máximo, sua primeira oferta ou proposta deve ficar na altura em que acreditamos estar o preço de reserva de nosso interlocutor, ou um pouco acima disso — o que pode ser averiguado por meio de uma investigação prévia ou uma sondagem direta do outro lado. Assim, se um comprador tivesse uma ideia do preço de reserva de Jake *(US$ 350 mil),* poderia ter feito uma oferta inicial de *US$ 325 mil* e permitido que ele marcasse alguns pontos elevando o acordo para *US$ 350 mil* (presumindo-se que o comprador em questão considerasse essa quantia um preço justo e aceitável).

Independentemente de onde você lançar sua âncora, esteja preparado para explicar *por que* sua oferta ou proposta é razoável ou justificável. "Creio que o preço anunciado de *US$ 395 mil* é plenamente justificado pelas qualidades únicas desta propriedade, sua localização e a alta qualidade do trabalho de seus construtores. Você verá que propriedades semelhantes nesta região têm sido vendidas por este preço ou por uma quantia aproximada."

Ancorar um preço (ou proposta) acarreta dois riscos. Primeiro, se usarmos de uma agressividade excessiva, o outro lado pode chegar à conclusão de que será impossível entrar em acordo conosco. Pode também sentir-se pessoalmente insultado pela nossa oferta. Segundo, se tivermos feito uma estimativa equivocada do preço de reserva do nosso interlocutor, a proposta pode ficar fora da zona de acordo possível. Caso incorramos num desses dois riscos, devemos ter uma justificativa pronta para passarmos para uma oferta menos agressiva. "Em virtude do desejo de concluir logo a venda, o proprietário me autorizou a reduzir o preço para..."

A melhor garantia contra um possível equívoco na tentativa de ancoragem é preparar-se antes das negociações, como mostrou o capítulo anterior. Se você fizer seu "dever de casa", suas probabilidades de lançar uma âncora num ponto do qual seja obrigado a recuar vergonhosamente serão menores.

Colocar um preço ou proposta na mesa de negociações não é a única maneira de usar âncoras para obter uma vantagem. Se pudermos definir os pontos de discussão, estabelecer a pauta ou de alguma maneira impor nossos pontos de vista conceituais ao debate, teremos realizado feitos muito similares — e muito proveitosos. As negociações vão avançar, então, por um caminho determinado por nós.

Contra-ancoragem

Se o outro lado fizer a primeira oferta, devemos reconhecer e resistir ao seu poder potencial como âncora psicológica. Lembre-se de que as âncoras são mais poderosas quando o grau de incerteza é maior — por exemplo, quando ninguém tem uma ideia clara do preço que uma empresa ou equipamento deve ter. Quando não se tem a menor ideia do preço adequado, não há base para contestar os méritos da oferta inicial.

Podemos reduzir o poder de ancoragem dos nossos interlocutores reduzindo o grau de incerteza em torno da questão — ou seja, coletando e trazendo informações objetivas para a mesa de negociações.

Não permita que o outro lado fixe a faixa de negociação com uma âncora, a menos que você a considere um bom ponto de partida. Se ela for desfavorável ou inaceitável para você, desvie a conversa de números e propostas para interesses, preocupações e generalidades. Então, passado algum tempo e quando mais informações tiverem vindo à tona, coloque o *seu* número ou sua proposta sobre a mesa, justificando-os com uma argumentação sólida.

Para ver como isso pode ser feito, vamos voltar ao exemplo de Jake e sua casa no lago. Dessa vez, porém, imaginemos que apenas uma compradora em potencial, Carla, se apresenta.

O corretor havia acabado de anunciar a casa de Jake no lago por US$ 395 mil, certo de que esse valor seria um ponto de ancoragem sólido para todas as propostas a serem feitas. Só que ele não esperava ter de lidar com Carla. Ela acompanhava o mercado de propriedades de frente para o lago na região do Deer Tail havia dois anos, de modo que estava familiarizada com os valores das propriedades e as dezenas de casas que haviam sido vendidas naquele período.

Em seu primeiro encontro com o corretor, Carla explicou que acompanhava os preços das casas do Deer Tail e de lagos vizinhos nos dois últimos anos. Sem fazer qualquer referência ao preço de US$ 395 mil, fixado por Jake, ela citou três vendas de propriedades equivalentes ocorridas naquele lago ao longo do último ano, assinalando suas semelhanças com a casa de Jake.

"As três eram muito parecidas com a sua em termos de área de frente para o lago, tamanho do terreno e características da construção", disse ao corretor, mostrando-lhe os classificados. "Foram vendidas por US$ 325 mil, US$ 330 mil e US$ 345 mil, respectivamente, nos últimos dez meses. Computada a inflação, podemos atribuir à propriedade do seu cliente um valor aproximado de US$ 350 mil no máximo, que é o que pretendo oferecer-lhe hoje."

Aqui, Carla lançou *sua própria* âncora. Em vez de enfocar as pretensões de Jake, ela ignorou seu preço inicial, substituindo-o por outro, sustentado por dados do mercado — que conferiram à sua âncora uma autoridade maior que a de Jake e facilitaram a tarefa de descartá-la. Na falta de outros compradores — principalmente compradores que não estivessem tão bem preparados —, Jake e seu corretor tiveram de negociar com Carla nos termos da oferta dela — que, assim, colocou sua própria âncora no lugar da de Jake.

A lição dessa história é evitar comparações diretas entre a proposta inicial do outro lado e a sua. Se a oferta inicial não for séria ou realista, você poderá ignorá-la com segurança, e há uma boa chance de que o outro lado faça o mesmo. Caso ela tenha sido feita a sério e seu interlocutor volte a mencioná-la, você deve então pedir-lhe, respeitosamente, que lhe explique por que se trata de uma proposta razoável. "Por que você está pedindo US$ 395 mil neste mercado? Você poderia me mostrar como esse preço se justifica?"

Esteja preparado para fazer concessões

Uma vez estabelecido um ponto de ancoragem sobre a mesa, as partes costumam se envolver numa série de jogadas e contrajogadas, na esperança de alcançarem um preço ou conjunto de condições agradável. Por exemplo, se Carla, no exemplo anterior, oferecesse US$ 350 mil pela propriedade de Jake no lago, muito provavelmente ele rebateria com uma contraproposta, por intermédio de seu corretor, de, digamos, US$ 385 mil:

> *"Apreciamos a sua pesquisa sobre as vendas recentes de casas no lago, Carla, mas não nos parece que as propriedades que você usou como pontos de referência sejam realmente semelhantes à de Jake. Afinal, ele tem um píer grande e uma casa de barcos, e a própria casa passou por uma reforma recentemente. Levando esses fatores em consideração, achamos que a propriedade de Jake vale muito mais do que você está oferecendo, e acreditamos que outros compradores concordarão conosco. No entanto, a fim de chegar a um consenso, Jake se dispôs a reduzir seu preço em US$ 10 mil, baixando para US$ 385 mil."*

Os especialistas em negociação costumam interpretar grandes concessões como indício de uma significativa flexibilidade adicional. Portanto, se você fizer alguma grande concessão, o outro lado vai pensar que você poderá voltar a ceder bastante. Assim, Carla pode pensar: "Se Jake está se dispondo a fazer um corte de US$ 10 mil logo na primeira contraproposta, provavelmente poderá reduzir pelo menos mais US$ 10 mil." Um movimento menor, por outro lado, em geral é percebido como um sinal de que a oferta está próxima do preço de reserva da outra parte, e a insistência resultará em concessões cada vez menores.

Essas suposições nem sempre são verdadeiras, sobretudo quando o outro lado não está com pressa e tem certeza de que podem surgir outros interessados, com preços ou condições atraentes — ou seja, quando se possui uma MAANA forte. Pode ser esse o caso do nosso exemplo. Uma concessão de US$ 10 mil na propriedade de Jake não chega a ser um exagero, embora o lance de Carla atendesse ao preço de reserva de US$ 350 mil. Quase podemos ouvir a voz de Jake conversando com o corretor ao telefone:

> *"Que bom que já temos uma oferta de US$ 350 mil. Já é aceitável para mim. Mas podemos receber uma proposta melhor nesta semana ou na semana que vem, dela ou de outro comprador; na verdade, gostaria que Carla subisse sua oferta para US$ 360 mil. Se ela fizer isso, será que devemos insistir um pouco mais? Será que aí dizemos 'Dê US$ 365 mil e negócio fechado?' Ou devemos segurar essa proposta e esperar receber outra melhor?"*

A dúvida de Jake sobre até onde insistir com Carla no exemplo acima deve-se à sua incerteza com relação à MAANA e ao preço de reserva da sua interlocutora. Se ele pudesse estimá-los com segurança, poderia ser mais firme em suas propostas. Nesse caso, a MAANA de Carla pode ser o preço de propriedades similares no Deer Tail ou outros lagos próximos. Se ele pedisse ao seu corretor uma lista de outras propriedades semelhantes nesses lagos, talvez elas representassem o conjunto de alternativas de Carla.

Em relação a concessões, o melhor conselho é não ceder ao impulso de fazê-las. Como poucos de nós gostam de negociar, queremos chegar a uma conclusão o mais rápido possível. E, como criaturas sociais, queremos que os outros gostem de nós e nos considerem razoáveis. Esses fatores quase sempre levam negociadores inexperientes a fazerem concessões muito depressa. Se você se enquadra nessa categoria, eis algumas dicas:

- Leve sua MAANA em conta antes de pensar em fazer uma concessão. Se ela for muito forte (sobretudo com relação à da outra parte), talvez seja desnecessário fazer uma concessão para chegar a um acordo.
- Se você estiver impaciente para acabar a negociação porque negociar é estressante, faça uma pausa antes de considerar a possibilidade de ceder. Se seu interlocutor estiver esperando uma concessão de US$ 10 mil no preço da casa que você está vendendo, pense em como foi difícil ganhar esse dinheiro. Pense nas coisas boas que poderia fazer com esses US$ 10 mil, de que o outro lado quer que você abra mão. Pergunte a si mesmo: "Será que livrar-me de um pouco de estresse vale US$ 10 mil?"

- Se sua necessidade de que gostem de você ou o vejam como uma pessoa razoável o está pressionando a fazer uma concessão, esqueça. O outro lado provavelmente o verá como um otário ou alguém fácil de dobrar, caso você ceda com muita facilidade. Lembre-se também de que fazer acordos não tem nada a ver com fazer amigos.

O relógio corre

Numa negociação de compra e venda, como o exemplo de Jake e Carla, o tempo pode ser uma ferramenta útil. Do ponto de vista do comprador, o vendedor nunca deve poder sentir-se em condições de "cozinhar" indefinidamente a oferta mais recente do comprador enquanto espera uma proposta melhor. Ele simplesmente vai usá-la para melhorar a sua MAANA. A solução é fixar uma data de validade para a proposta de compra. Os negociadores às vezes chamam essa tática de *oferta finita*. Se Carla resolver contrapor à última proposta de Jake (US$ 385 mil) um lance de US$ 360 mil, ela pode estipular que "esta proposta é válida até as 21h do próximo sábado, 23 de setembro". Este prazo pressionaria Jake e o obrigaria a tomar uma decisão. Sem esse prazo, Jake poderia simplesmente pensar: "Agora que tenho uma opção de vender por US$ 360 mil, posso esperar uma oferta melhor."

Pacote de opções para um acordo propício

Apresentar propostas alternativas (duas ou mais) costuma ser uma boa tática para fechar acordos. Considere o seguinte exemplo:

> *Joe está negociando com Robert e Sharon a compra do pequeno veleiro e do reboque deles. O reboque não tem praticamente nenhuma importância para ele, já que pretende contar com um ponto de atracação permanente. Ainda assim, não seria má ideia ter um, já que ele pode precisar transportar o barco um dia. Nessas*

circunstâncias, ele faz diferentes propostas: "Posso pagar US$ 18 mil pelo veleiro e o reboque juntos, ou US$ 16 mil só pelo barco. Vocês podem vender o reboque à parte. O que vocês preferem?"

Oferecer um pacote de opções tem várias vantagens. Em primeiro lugar, ninguém gosta de se sentir acuado. Uma proposta única pode soar como um ultimato — é pegar ou largar. Propostas alternativas, contudo, podem ser comparadas entre si, em vez de serem comparadas com os objetivos iniciais. Além disso, se os outros negociadores não discutirem seus interesses, você poderá deduzi-los com base na proposta preferida.

Mas antes de apresentar propostas alternativas, faça o seguinte:

- Analise o valor de cada opção para cada lado.
- Considere se uma redução numa das opções poderia ser compensada pelo aumento de outra.
- Se você tiver preferência por uma das alternativas, faça ajustes em pelo menos uma delas, para sentir-se igualmente favorável a pelo menos duas delas.

Fechando o acordo

Presumindo-se que tudo corra bem, você acabará chegando a um ponto em que fique razoavelmente satisfeito com a negociação e queira finalizar o processo. O representante do outro lado talvez não esteja no mesmo ponto. Aqui estão quatro medidas que recomendamos para o fechamento de um acordo:

1. **Sinalize o fim da estrada antes de chegar lá.** Se você vem negociando para cima e para baixo, demonstrando flexibilidade em relação a vários aspectos, e de repente anuncia estar no seu limite, provavelmente será desafiado — ou não será levado a sério. Assim, à medida que se aproximar dos parâmetros do que lhe interessaria num acordo final, avise. Repita o alerta,

não como uma ameaça, mas como uma cortesia, sobretudo se seu interlocutor der mostras de esperar ainda muitas outras jogadas da sua parte.

2. **Permita-se maleabilidade se estiver prevendo que haverá uma prorrogação.** Se você souber que seu interlocutor não tem autoridade final, reserve-se alguma flexibilidade ou espaço de manobra nos termos finais. Mais especificamente, não apresente a melhor e última proposta ao outro lado — poupe-a para o caso de precisar ceder durante a prorrogação. No entanto:

   - Não crie tanta flexibilidade a ponto de o acordo ser rejeitado pelo responsável pela decisão do outro lado.

   - Considere a concessão final que você se disporia a fazer caso acabe solicitando uma alteração significativa nos termos finais.

3. **Desestimule o outro lado se ele quiser mais concessões.** Se parecer que vocês chegaram a um acordo definitivo, aceitável para a outra parte (e talvez também favorável para você), desencoraje novas tentativas de eles se beneficiarem.

   - Manifeste sua disposição de aceitar o pacote todo, sem alterações.

   - Explique que novas modificações a favor deles em qualquer dos termos teriam de ser contrabalançadas por ajustes a seu favor em outro ponto. Por exemplo, "se voltarmos a abrir essa questão, receio que teremos de reabrir todo o acordo, para que ele sirva para mim".

4. **Anote os termos combinados.** Se o tempo gasto na negociação foi proveitoso, não corra o risco de arruiná-lo deixando de registrar e assinar o acordo. As lembranças que as pessoas guardam das conversações vão inevitavelmente divergir; registrando-se os termos do acordo, evitam-se futuras disputas e confusão — além de constituir um fechamento adequado.

Ainda que os advogados sejam encarregados da redação do documento oficial, ponha um acordo informal no papel. Defina se o acordo é vinculador ou não, e inclua essa informação no documento. Mesmo não sendo, servirá de referência comum às duas partes caso surjam, no futuro, dúvidas de boa-fé.

Táticas para negociações integrativas

As negociações integrativas, tal como descritas no Capítulo 1, são aquelas em que as partes fazem o bolo crescer por meio de trocas. Exigem um outro conjunto de táticas, começando de modo mais lento e exploratório. Elas baseiam-se numa maior colaboração e troca de informações. Ao contrário das táticas ganha-perde mencionadas anteriormente, que se concentram na reivindicação de valor, os acordos integrativos têm o objetivo de criar *e também* de exigir valor.

Como começar

Ao abrir as negociações, não comece com números. Pelo contrário, fale e ouça. Observe as sugestões que demos na seção "Como começar bem" e o quadro de "Dicas" em relação à adoção do tom correto. Elas se aplicam aqui do mesmo modo. Apresente a negociação de maneira positiva, como um empreendimento conjunto do qual ambos os lados esperam beneficiar-se. Saliente a sua receptividade aos interesses e preocupações de seu interlocutor.

À medida que for tomando conhecimento das preocupações e dos interesses da outra parte, não se apresse a fazer uma proposta; uma oferta prematura não se beneficiaria de informações obtidas durante o processo de negociação em si. Se você for o comprador, talvez viesse a descobrir a desesperadora situação financeira do vendedor, levando-o assim a fazer uma oferta inicial mais baixa do que poderia. Por outro lado, você poderia perceber que o vendedor nada tem de desesperado, evitando, assim, fazer uma primeira proposta baixa, capaz de ofendê-lo.

Em vez de fazer uma proposta precipitada, experimente as seguintes técnicas:

- Faça perguntas diretas sobre as necessidades, os interesses, as preocupações e os objetivos de seu interlocutor.
- Sonde a disposição da outra parte para *trocar* certas coisas por outras. Por exemplo: "O que é mais importante para você, X ou Y?"
- Investigue os interesses subjacentes do outro, perguntando sobre a importância de certas condições — por exemplo, determinada data de entrega.
- Ouça atentamente as respostas do outro lado, sem se apressar em averiguar, corrigir ou objetar.
- Seja um ouvinte ativo. Quanto mais o outro falar, mais informações você obterá.
- Expresse empatia pela perspectiva, pelas necessidades e pelos interesses da outra parte. A empatia é particularmente importante em situações muito carregadas. É preciso adotar a escuta ativa, a fim de demonstrar a sua capacidade de conectar-se com quem estiver falando e as tensões ou questões emocionais subjacentes.
- Adapte as suas premissas com base no que você já descobriu. As suposições a respeito dos interesses e condições de seu interlocutor que você fez ao preparar-se para a negociação podem estar erradas — e, neste caso, você terá de rever sua estratégia.
- Seja objetivo a respeito de suas próprias necessidades, interesses e preocupações de negócios. É tão crucial reforçar aquilo de que você precisa e o que quer (e por que) quanto escutar com atenção o outro lado. De fato, chegar a um equilíbrio entre empatia e firmeza é essencial para uma boa negociação. Caso você seja demasiado empático e insuficientemente afirmativo, pode aca-

bar solapando seus próprios interesses. Caso seja demasiado afirmativo e não suficientemente empático, correrá o risco de inviabilizar o consenso e acirrar as emoções. Mas não soterre o outro lado com todos os seus interesses e preocupações de uma vez só.

- Faça um esforço para criar um intercâmbio de informações. Mantenha a flexibilidade em relação a quem faz as perguntas e expõe suas preocupações antes. Caso o outro lado pareça pouco à vontade com suas primeiras indagações, proponha-se a falar sobre um ou dois dos seus pontos mais importantes — e explique os motivos de sua importância.

- Dê continuidade aos seus esforços de construção do relacionamento mesmo depois de iniciadas as conversações. Demonstre empatia, respeito e cortesia durante todo o processo. Nunca se esqueça de que seus interlocutores também são seres humanos, dotados de sentimentos, limitações e vulnerabilidades.

- Evite fazer ataques pessoais. Não faça acusações nem culpe. Conserve o senso de humor.

- Quando determinada questão parecer deixar o outro negociador tenso, reconheça que o assunto é espinhoso.

- Não se sinta pressionado a fechar um acordo depressa demais. Pelo contrário, crie opções que proporcionem ganhos mútuos.

Dicas de escuta ativa

Há uma grande diferença entre manter a boca fechada enquanto o outro fala e aquilo que os especialistas em comunicação chamam de escuta "ativa". Esta ajuda a captar o que nosso interlocutor tem a dizer, indicando ao mesmo tempo que estamos alerta e ansiosos para saber o que o outro tem em mente. Eis algumas dicas sobre como ser um ouvinte ativo, o que será útil em qualquer tipo de negociação.

- Fixe seu olhar na pessoa que está falando.
- Tome notas quando for conveniente.
- Não se permita pensar em nada que não seja aquilo que seu interlocutor está falando.
- Resista à ânsia de formular suas respostas até a pessoa *acabar* de falar.
- Preste atenção à linguagem corporal do interlocutor.
- Faça perguntas para obter mais informações e estimular o interlocutor a prosseguir.
- Repita, com suas próprias palavras, o que você ouviu para ter certeza de haver entendido e mostrar ao interlocutor que você processou as suas palavras.

Procure alternativas que explorem diferenças

No decorrer da negociação, você é confrontado com as posições de seu interlocutor e compreende os interesses que estão por trás. Espera-se que o outro lado também compreenda suas posições e interesses. O desafio, agora, é chegar a um resultado que atenda às necessidades de ambas as partes. Um bom lugar para procurá-lo é nas diferenças entre as partes.

As pessoas sabem intuitivamente como aproveitar interesses comuns, mas existem fontes de valor menos óbvias nas diferenças que as separam. Explorando-as, cria-se um valor que nenhuma das duas partes poderia ter criado por conta própria. Acima de tudo, procure diferenças nos seguintes lugares:

- **Acesso aos recursos.** Por exemplo, Martha, dona de uma loja de varejo e de um restaurante, está negociando os serviços de um decorador para reformar o restaurante. Ela concorda em pagar um preço ligeiramente mais alto do que pretendia pelo restaurante se, em troca, o decorador conseguir-lhe acessórios e móveis para a loja com desconto. De outro modo Martha não conseguiria preços tão baixos — ainda que, para o decorador, eles não custem nada. Assim, cria-se valor para os dois lados.

- **Expectativas futuras.** Por exemplo, o atual proprietário de uma empresa quer vendê-la. Exige um alto preço, por prever que o mercado para seu produto aumentará com o tempo. A compradora potencial não deseja pagar preço tão alto, por não compartilhar da rósea perspectiva do proprietário. Nessa divergência, eles encontram uma oportunidade. Combinam um preço-base para a venda e mais 20% dos lucros da empresa nos cinco anos seguintes, se houver, com o atual proprietário dando seus conselhos e assistência com planos de *marketing* e de distribuição durante esse período. Nessas condições, a compradora conseguirá um preço menor e o vendedor poderá aproveitar o crescimento positivo do negócio que está prevendo.

- **Preferência temporal.** O momento de fechamento de um acordo pode constituir um empecilho à sua conclusão satisfatória para ambas as partes. Por exemplo, Jonathan está satisfeito com as intenções do CEO de promovê-lo a vice-presidente de *marketing*, mas desagrada-lhe a necessidade de permanecer em compasso de espera enquanto o atual ocupante do cargo não se aposenta, o que acontecerá daqui a seis meses. O CEO, porém, cuidou para que o atual VP de *marketing* aproveite esse tempo para finalizar o acordo de distribuição estratégica da empresa com seus revendedores. "Foi ele quem delineou essa estratégica, e tem estreitos vínculos pessoais com alguns dos principais participantes do outro lado. Quero que ele feche o acordo." Nessas diferenças, entretanto, o CEO encontra uma solução: colocará Jonathan no comando de uma equipe que está trabalhando no plano de implementação do novo contrato de distribuição — o que deixa Jonathan satisfeito e beneficia a empresa.

- **Aversão a riscos.** O que é muito arriscado para uma parte em geral é menos perigoso para outra. As partes com frequência apresentam diferentes graus de tolerância a riscos. Nesses casos, pode-se criar valor transferindo os riscos para a parte mais capaz de suportá-los — em troca, naturalmente, de maiores retornos potenciais para aquela que o fizer. Por exemplo, Jeff e Jessica estão negociando com a Jones Properties, uma construtora, a compra de uma unidade num condomínio recém-construído. Para os dois, novatos no mercado imobiliário, o apartamento seria, sem sombra de dúvida, seu maior investimento. "E se eu for transferido e tiver de vendê-lo num futuro próximo?", pondera Jeff. "Se o mercado estiver em recessão na ocasião da venda, teremos uma grande perda." A Jones Properties, por outro lado, possui centenas de imóveis em dezenas de prédios espalhados pelos Estados Unidos. Seu risco de propriedade é extremamente diversificado. Assim sendo, ela sugere uma solução: como parte do acordo de venda, concorda em comprar de volta o apartamento de Jeff e Jessica, em qualquer momento do período de dois anos após o fechamento do acordo, por 95% do preço de compra, menos os custos da transação.

Vá com calma

Não caia na tentação de fechar o acordo depressa demais — assim que a primeira proposta aceitável surgir na mesa de negociações mas ainda tiverem sido trocadas poucas informações. Dedique um pouco mais de tempo a encontrar as condições que sejam melhores para os dois lados. Mostre que a proposta na mesa de negociações é digna de consideração, mas indique também que será possível aprimorá-la se as duas partes souberem mais a respeito dos interesses e preocupações uma da outra. Em seguida, saia à procura de alternativas que sejam benéficas para ambas.

Aqui estão mais algumas sugestões para gerar soluções integrativas:

- Passe de uma dificuldade específica para uma descrição mais geral do problema, depois para soluções teóricas e, por fim, retorne à questão em pauta.

- Preste particular atenção aos interesses comuns e às oportunidades de cooperação.

- Pense na possibilidade de um *brainstorm* junto com seu interlocutor — o que pode ser uma maneira muito fértil de gerar alternativas criativas. Defina regras básicas que estimulem os participantes a expressarem todas as suas ideias, por mais absurdas ou impraticáveis que sejam. Tenha o cuidado de não criticar ou mostrar desaprovação com referência a nenhuma sugestão. A esta altura, julgamentos desse tipo inibem a criatividade, levando as pessoas a relutarem em fazer novas sugestões — além de deixá-las mais dispostas a criticar também as ideias que você vier a apresentar.

Táticas genéricas: escolha de uma perspectiva e avaliação contínua

Quer a negociação em que você esteja envolvido seja distributiva ou integrativa, você chegará a resultados melhores se adotar qualquer uma das três táticas seguintes: escolha de uma perspectiva, jogadas de processo e avaliação contínua. Essas táticas podem ser usadas tanto na mesa de negociações como longe dela. Como as jogadas de processo foram analisadas no Capítulo 3, esta seção trata das duas outras táticas.

Escolha de perspectiva

Encha um copo de água até a metade. Agora, se o descrevesse para alguém, diria que ele está meio vazio ou meio cheio? Qualquer que seja a descrição escolhida, você está delimitando uma perspectiva para a situação. Se a outra pessoa aceitar essa perspectiva sem questionamentos, as discussões subsequentes se desenrolarão dentro dessas fronteiras, o que pode ser vantajoso para você. Considere os seguintes exemplos:

- *O copo está meio vazio.* Um representante dos funcionários adota a seguinte perspectiva para a futura negociação de salários e benefícios com a empresa:

> *"Durante os três últimos anos, o trabalho duro dos nossos companheiros ajudou esta empresa a triplicar sua receita e praticamente duplicar seu lucro. Os salários da gerência, por isso, tiveram aumentos substanciais, e os principais executivos brindaram-se com bonificações recordes. E o que a gerência pretende dividir com os funcionários dos escalões inferiores? Um mero aumento de 25% sobre os salários para os próximos três anos! Isso, para nós, é um tapa na cara das pessoas que ajudaram a criar a prosperidade desta empresa."*

Em outras palavras, a partilha equitativa da riqueza criada pelos funcionários é que deve determinar a perspectiva das negociações.

- *O copo está meio cheio.* A gerência expõe seus pontos de vista para os empregados.

> *"Temos o prazer de oferecer aos nossos funcionários um aumento salarial de 25% para os próximos três anos. É um aumento um terço maior que o proporcionado por nossos principais concorrentes no mercado aos seus próprios empregados, e vai elevar a remuneração média anual do nosso pessoal para cerca de US$ 3 mil acima da média do setor, permitindo que a empresa mantenha fundos suficientes para reinvestir na tecnologia necessária para garantir segurança no emprego e aumentos salariais futuros."*

Em outras palavras, as negociações salariais devem adotar uma perspectiva que enfatize as restrições financeiras e a intenção da empresa de garantir segurança no emprego e maiores receitas futuras.

Como uma âncora, a perspectiva pode determinar de que modo as negociações prosseguirão. Ela serve de guia para as partes e as estimula a encarar as questões envolvidas a partir de um ponto de vista definido. A perspectiva dos trabalhadores acima deixaria a gerência na defensiva e faria com que as negociações a girassem em torno da ênfase na "distribuição justa" dos lucros. A da gerência baseia-se em sua generosidade em comparação com outras empresas e nos benefícios que os trabalhadores podem vir a receber no futuro graças ao reinvestimento dos lucros. (Note como a empresa valeu-se de critérios externos — conforme descrito no capítulo anterior — para justificar a justiça e a sensatez de sua proposta.) O lado que convencer o outro a adotar a sua perspectiva ficará em vantagem na negociação. Como explicam Bazerman e Neale, o modo como as opções disponíveis em determinada negociação são encaradas pode exercer profunda influência na disposição das partes de chegarem a um acordo.[4]

As perspectivas mais eficazes utilizam modelos mentais preexistentes de como devemos nos comportar em várias situações. Assim, a maneira como cada lado encara uma solução pode determinar o comportamento dos outros. Marjorie Corman Aaron, consultora e professora com muitos anos de experiência em mediação, negociação e solução de disputas, cita o exemplo do diretor de um banco que enfrenta as exigências de ativistas de uma comunidade local, para que o banco oferecesse condições de crédito mais generosas. Ao consultar o conselho de administração do banco quanto ao rumo a seguir, esse executivo poderia adotar qualquer uma destas perspectivas:

> *Ele poderia apresentar as exigências ao conselho como uma "extorsão", invocando assim um modelo mental de resistência a "dobrar-se às pressões". Mas se as descrevesse como um problema de negócios — mencionando a necessidade de conquistar a boa vontade da comunidade —, o conselho talvez se convencesse da vantagem de financiar alguns programas. Caso ele se referisse à situação do banco como "um embate com um gorila de 250 quilos", o conselho provavelmente faria tudo o que fosse preciso para tirar o gorila das suas costas, e rápido.[5]*

Assim, se você apresentar sua posição em termos de um modelo mental que o outro lado possa adotar, enfrentará menos dificuldades para chegar a um acordo.

De modo mais geral, pode-se adotar as seguintes perspectivas:

- Descreva sua proposta em termos que representem um ganho, e não uma perda. Em vez de dizer "minha oferta no momento fica só 10% abaixo do que vocês estão pedindo", diga "já aumentei minha proposta em 10%".

- Explore a aversão natural das pessoas a riscos. Essa aversão tem duas consequências:

  1. Quem é mais avesso a riscos em geral prefere possíveis perdas maiores no futuro a ficar sujeito a perdas menores hoje — o que explica por que muitas pessoas buscam soluções nos tribunais, podendo ter de pagar por um acordo mais caro no futuro em vez de pagar por um mais barato hoje.

  2. A maioria das pessoas prefere "um pássaro na mão do que dois voando". Em outras palavras, elas preferem a certeza de uma oferta menor à incerteza de um ganho futuro maior. "Sei que você quer US$ 400 mil por essa propriedade, e talvez um dia você consiga essa soma. Só que estou disposto a lhe pagar US$ 340 mil por ela hoje. Acordo fechado?"

Preparação e avaliação contínuas

Costumamos pensar em negociações como processos lineares de preparação, negociação, até o consenso ou fracasso finais. A primeira etapa ocorre longe da mesa de negociações; o resto, não. Em interações simples, esse modelo costuma aplicar-se — mas muitas outras negociações são complexas e podem ocorrer em rodadas sucessivas, envolvendo várias partes diferentes. Podem surgir novas informações em vários pontos, lançando nova luz sobre as questões em jogo. Partes diferentes podem oferecer concessões ou ampliar suas exigências. Essa dinâmica mais complexa aponta para uma abordagem não linear ao processo preparatório, como mostra a Figura 4.1. Aqui, a preparação é seguida da negociação, que produz resultados e informações que exigem uma avaliação — cujos resultados, por sua vez, alimentam uma nova rodada de preparativos e posterior negociação. As rodadas se sucedem, até chegar-se a um acordo ou as partes desistirem.

FIGURA 4.1
Processo de negociação não linear

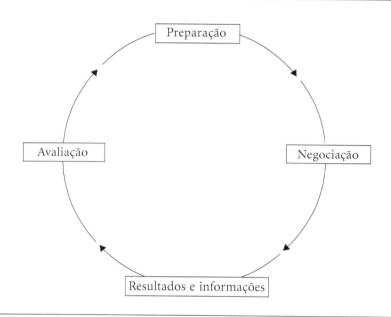

Michael Watkins, escritor e especialista em negociações, sugere que as ambiguidades e incertezas características dos acordos complexos devem levar os negociadores a darem menos atenção à preparação anterior à negociação e mais ao que chama de "planejar para aprender".[6] A aprendizagem deve ser contínua; afinal, as informações à disposição dos negociadores antes de eles partirem para a mesa de negociações tendem a ser restritas, podendo até ser imprecisas.

Assim, em vez de definir sua linha de ação com base em informações coletadas antes da negociação, considere as seguintes iniciativas:

- Dê pequenos passos, reunindo informações melhores ao avançar.

- Aprenda continuamente com as novas informações e o comportamento do outro lado.

- Use essa aprendizagem para ajustar e reajustar sua linha de ação enquanto avança.

A avaliação é outro elemento importante do processo, que deve parte da sua tática. Periodicamente, encare as negociações com um certo distanciamento e pergunte: como as coisas estão caminhando? As negociações estão percorrendo um caminho que redundará na satisfação dos meus objetivos? São eles que estão jogando o meu jogo, ou eu que jogo o deles? De quem é a perspectiva predominante nas conversações? Se eu estivesse representando o outro lado, como responderia a essas mesmas perguntas?

Não é natural nem fácil dar uma resposta a essas indagações. Deve-se assumir a perspectiva de um estranho neutro e adotar um ponto de vista externo — isto é essencial para dominar o jogo.

Resumo

O primeiro desafio numa negociação é atrair o outro lado para a mesa de negociações — o que só será possível se ele entender que é melhor negociar do que permanecer no *status quo*. Estimule a negociação oferecendo incentivos, elevando o preço do *status quo* e conquistando a ajuda de aliados.

Depois de conseguir levar seu interlocutor para a mesa de negociações, conduza o processo para um bom começo procurando aliviar a tensão, certificando-se de que todos os envolvidos concordam com a pauta e o processo, e estabelecendo o tom correto.

Várias táticas são particularmente úteis em acordos distribuídos (ou ganha-perde):

- Defina uma âncora, uma posição inicial em torno da qual as negociações possam ser ajustadas.

- Se uma âncora inicial lhe parecer inaceitável, desvie a conversa de números e propostas. Em vez disso concentre-se em interesses, preocupações e generalidades. Então, depois de algum tempo e de mais informações terem vindo à tona, coloque o *seu* número ou sua proposta na mesa de negociações, sustentando-os com uma argumentação sólida.

- Faça concessões, se isto for necessário. Não se esqueça, porém, de que muitos interpretam uma grande concessão como um indício de que você pode vir a ceder ainda mais. Concessões menores, por outro lado, costumam ser interpretadas como sinais de que os lances estão se aproximando do preço de reserva e que as concessões posteriores serão cada vez menores.

As táticas para negociações distributivas (ganha-ganha) são essencialmente diferentes das descritas acima, já que uma de suas metas é a criação de valor. Portanto, concentre-se nas seguintes alternativas:

- Escuta ativa
- Exploração de interesses complementares
- Pacotes de opções para escolha do acordo mais favorável

Por fim, o capítulo apresentou táticas que podem ser usadas em qualquer contexto:

- Escolha de uma perspectiva
- Avaliação contínua

Perguntas frequentes sobre tática

Respostas necessárias

Principais tópicos abordados neste capítulo

- *Táticas relacionadas a preço*
- *Táticas relacionadas ao processo*
- *Táticas relacionadas a pessoas*

O CAPÍTULO ANTERIOR descreveu táticas que você pode usar em vários tipos de negociações. Este capítulo o complementa com respostas a perguntas frequentes sobre táticas de negociação.[1] Por uma questão de conveniência, as perguntas e respostas estão organizadas em três categorias amplas: preço, procedimentos e pessoas.

Perguntas frequentes sobre preço

Devo revelar a faixa de preço aceitável para mim?

Alguns negociadores podem pedir-lhe para definir uma faixa de valor que você se dispõe a pagar. Não aceite. Isso revelaria seu preço de reserva. Por exemplo, se você disser a alguém que pagaria entre US$ 20 mil e US$ 25 mil por determinada propriedade, pode ter certeza de que pagará *pelo menos* US$ 25 mil. O outro lado vai pensar "ah, então este é o preço de reserva dele", e será o único número a que vai dar atenção. É muito melhor trabalhar em termos do seu objetivo, do "melhor que eu posso fazer".

A única justificativa para mencionar uma faixa pode ocorrer no fim do processo de negociação, para fazer a outra parte desistir de tentar ultrapassar o seu limite. Por exemplo, depois de várias rodadas de discussões sobre quantias, você está em US$ 23 mil e seu interlocutor, em US$ 30 mil — e parece estar querendo impor um acordo em US$ 28 mil. Você pode dizer que "minha faixa, ao chegar aqui hoje, era entre US$ 20 mil e US$ 23 mil, mas jamais acima de US$ 25 mil". Definir uma faixa pode fazer o vendedor aceitar mais facilmente US$ 25 mil, porque ele vai sentir que levou você até o seu limite.

Devo revelar ao outro lado qual é o meu limite?

Você pode revelar seu limite, mas só se o tiver alcançado (ou estiver prestes a fazê-lo). E, caso o revele, trate de deixar claro do que se trata, com a devida ênfase ou firmeza. Do contrário, seu interlocutor pode não levá-lo a sério, e encarar esse número ou proposta apenas como mais um passo no caminho para o acordo final.

Suponhamos que o outro lado comece com um número totalmente absurdo. Devo contrapor um número igualmente absurdo, ou simplesmente me recusar a responder?

Considere uma das estratégias abaixo:

- Faça uma brincadeira para indicar que você não levou a oferta a sério: "Sei, e a lua é feita de queijo suíço. Tudo bem, mas agora vamos falar sério."

- Afirme com clareza que o número proposto está totalmente fora da faixa que você havia imaginado para o acordo. Volte a falar sobre os interesses em jogo. Pergunte sobre um assunto específico de alguma importância. Explique sua perspectiva sobre o acordo — qual seria o seu valor para você ou outros em situação semelhante. (Assim, naturalmente, você descreverá um valor de uma magnitude totalmente diversa.) Deixe que transcorra algum tempo e um pouco de discussão. Então, sugira um número ou proposta cuja sensatez possa ser demonstrada, perto do extremo mais propício da sua faixa (ou da estimativa que você faz do preço de reserva deles, o que lhe parecer melhor). *Não* volte a se referir ao número ou oferta iniciais do outro lado. Ignore-os. Se você contra-atacar com um número igualmente irreal, contribuirá para o impasse ou tornará o processo mais longo e tortuoso.

- Indique que a proposta está totalmente fora do esperado. Em seguida, manifeste a sua preocupação com a hipótese de não ser possível um acordo. Tente fazer com que o outro lado dê um lance contra si próprio, da seguinte forma: "Essa oferta é tão baixa que não podemos sequer considerá-la. Por que vocês não conversam e retornam com um número mais realista? Vou ficar no escritório a tarde toda."

Perguntas frequentes sobre o processo

É aceitável dar um lance contra mim mesmo — isto é, fazer duas propostas seguidas?

Não é uma boa ideia. Diga: "Espere um pouco, parece que você está querendo que eu faça outra oferta agora. A última proposta foi minha; não quero dar um lance contra mim mesmo. Está na sua vez de fazer uma oferta." Isto geralmente provoca, no mínimo, um movimento simbólico da outra parte.

Caso isso não aconteça, se estiverem num impasse e a única maneira de avançar for uma outra iniciativa da sua parte, avise que está ciente do que está fazendo e o fato não deve ser considerado um precedente. Dê seu próximo passo de boa-fé, fazendo uma proposta que possa ser justificada como razoável, explique seus motivos e peça ao outro lado para fazer o mesmo. Se não o fizer, vocês talvez tenham chegado a um impasse.

Para solucionar o problema, pense na possibilidade de ampliar a discussão sobre os interesses das partes e formular outras opções criativas, talvez recorrendo a um *brainstorm* conjunto. Outra alternativa é convidar um mediador, como uma terceira parte neutra.

É inteligente ou correto blefar?

Se é permitido blefar ou gabar-se durante uma negociação? Sem dúvida. O que para um é gabar-se, para outro pode ser apresentar uma determinada situação de um ponto de vista positivo. Um blefe pode ser importante para causar uma boa primeira impressão. Já mentir sobre um fato concreto, entretanto, é, quase com certeza, motivo para um processo jurídico. Em determinadas circunstâncias, criar uma falsa impressão ou deixar de divulgar informações concretas pode criar um "calcanhar de aquiles" legal. Mesmo assim, desde que você leve para a mesa de negociações algo que tenha um valor real, não será preciso revelar todas as circunstâncias que o fazem desejar fechar um acordo. Assim, se você estiver negociando os termos de uma oferta de emprego, não há nada de errado em descrever os principais projetos pelos quais foi responsável e seu próximo passo mais provável na hierarquia de sua empresa atual. Não há vergonha alguma em descrever suas realizações sob uma luz positiva. Não é preciso mencionar que é impossível conviver com o novo presidente da sua divisão.

Num acordo complexo, é melhor chegar a um consenso ponto a ponto ou esperar até o final?

Cada caso é um caso, mas em geral é melhor tentar acordos parciais, ou faixas consensuais, para cada ponto, um de cada vez. Isso lhe conferirá a flexibilidade necessária para fazer trocas geradoras de valor mais tarde e criar pacotes de alternativas, com diferentes opções. O risco de negociar cada ponto, em série, é você deixar escapar oportunidades de criação de valor por meio de trocas.

É melhor começar pelos pontos mais fáceis ou pelos mais difíceis?

Em geral, lidar com questões mais fáceis ajuda a pegar impulso, aprofunda o compromisso das partes com o processo e permite que se familiarizem com os estilos de negociação e comunicação uma da outra, antes de chegarem ao terreno mais pantanoso.

Há casos, porém, em que se pode optar por abordar primeiro um ponto espinhoso como uma questão-limite. Se não foi possível chegar a um consenso nas questões difíceis, não se terá desperdiçado tempo com outros menores. Também é verdade que, uma vez solucionado o mais penoso, as questões menos complicadas tendem a resolver-se mais facilmente.

E se acontecer uma reviravolta inesperada no meio do caminho — antes ou depois de um acordo?

Reviravoltas inesperadas podem pôr em risco possíveis acordos, além de poderem solapar consensos já alcançados. Considere o exemplo abaixo:

> *Você firmou um contrato de preço fixo com uma empreiteira para a construção de novos escritórios e auditórios num velho edifício comprado pela sua empresa. As salas e os auditórios devem ser forrados com belos lambris de pereira. Mas depois da assinatura do contrato, descobriu-se uma nova praga que triplicou o preço da madeira.*
>
> *O acordo negociado estipula que a construtora deverá arcar com os riscos de flutuação nos custos dos materiais. Contudo, se você insistir nessa cláusula, ela pode tentar cortar seus gastos de outras maneiras, talvez eliminando alguns detalhes. Caso você concorde em renegociar, absorvendo todo ou parte do custo adicional (ou escolhendo outra madeira), é mais provável que a empreiteira faça um trabalho de alta qualidade.*
>
> *No mês seguinte, você descobre que o piso do pavimento térreo do prédio está afundando, e há rachaduras nas paredes por causa da acomodação das fundações. Isso não estava incluído no contrato original, mas você quer que a empreiteira assuma a incumbência o mais rápido possível e por um preço razoável. Uma mão lava a outra.*

Pode ocorrer algo semelhante quando você estiver no processo de negociação de um acordo. Nos dois casos, analise qual o impacto que a reviravolta terá na decisão de prosseguir. Determine se o acordo continua fazendo sentido, ou se é preciso desfazer o que já foi negociado. Além disso:

- Entre imediatamente em contato com o(s) negociador(es) do outro lado.

- Reconheça a natureza imprevista do acontecido.

- Afirme seu compromisso de trabalhar no problema (se for o caso).

- Discutam juntos os princípios subjacentes e a intenção do acordo negociado originalmente, e cheguem a uma conclusão a respeito dos pontos ou cláusulas que foram afetados.

- Retome as negociações.

Perguntas frequentes sobre problemas interpessoais

O que acontece quando um negociador cooperativo se depara com outro intransigente, "posicional"?

O negociador posicional tem o objetivo de ganhar em detrimento do outro. Diz que "só transigindo chegaremos a um acordo", mas espera que todas as concessões venham da outra parte.

Um negociador colaborativo eficiente deve ser capaz de lidar com esse tipo de oponente, *se* reconhecer a situação tal como é. Afinal, terá analisado sua MAANA, definido um preço de reserva e refletido sobre suas estratégias de abertura e proposta inicial. Caso o negociador intransigente se recuse a divulgar informações e comece a usar eventuais revelações contra seu interlocutor cooperativo, isto é um sinal evidente de que a transação dificilmente será ganha-ganha. O negociador deve buscar reciprocidade, ou evitar fornecer novos dados.

A verdadeira questão é se o negociador colaborativo será capaz de "converter" o intransigente, pelo menos o suficiente para criar algum valor no acordo. A resposta é "talvez". Se o primeiro for competente e habilidoso, deve ser capaz de trazer à tona parte dos interesses subjacentes às posições do segundo — o que lhe permitirá sugerir outras opções e pacotes para atender aos interesses de ambos. Mesmo o mais recalcitrante negociador posicional pode reconhecer quando será benéfico para seus interesses unir-se ao outro na criação de valor.

Como devo reagir caso o outro lado tente mudar algo em sua proposta depois de se ter chegado a um consenso?

É muito possível que seu oponente esteja angustiado com a *maldição do vencedor*: sempre que chega a um acordo, a pessoa é atormentada pela ideia de que talvez pudesse ter conseguido mais.

Se o outro lado tentar mudar algum ponto, manifeste surpresa ou decepção. Explique que, se eles precisam fazer alguma modificação, devem compreender que você vai querer reabrir também outras questões. "Concordei com um pacote fechado. Uma alteração num ponto afeta o conjunto todo. Você por acaso está disposto a renegociar outros aspectos?" Se a resposta for sim, seu interlocutor está sendo sincero e você deve prosseguir com a renegociação. Caso ele reconsidere e retire o pedido de alteração, você deve entender que ele estava apenas testando-o. Caso ele insista em modificar apenas esse ponto e nada mais, mostre-se consternado e avalie, então, se o acordo ajustado tem suficiente valor para que você ceda.

O que devo fazer quando o negociador do outro lado tem um acesso de fúria?

Não reaja da mesma maneira. Em vez disso, procure ajudá-lo a recuperar o controle. A resposta correta vai depender do seu grau de irritação ou aborrecimento, do valor do acordo e da sua decisão de continuar ou não. Eis algumas alternativas:

- Permaneça sentado em silêncio. Não diga nada. Depois de alguns momentos, retome a negociação com uma voz tranquila.
- Pare e diga: "Isso não vai nos levar a lugar algum. Estou pensando em sair para deixar você esfriar a cabeça. É isso que você quer?"

Se com a gritaria ele pretendia deixá-lo irritado e abalado, você certamente não deve recompensar sua estratégia rebaixando-se a negociar nessas condições.

Além disso, lembre-se de que você tem alguma ingerência na escolha de seu interlocutor. Considere a possibilidade de entrar em contato com mais alguém do outro lado para sugerir que outro negociador seja designado para o caso.

Não acredito no que o outro lado está dizendo. O que devo fazer?

Você desconfia que seu interlocutor esteja mentindo ou *blefando*. No máximo, estão dizendo o que consideram necessário para um acordo, mas sem a menor intenção de cumprir suas promessas. Você pode reagir das seguintes maneiras:

- Faça-o compreender que o acordo vai depender de sua representação exata e verdadeira da situação. Por exemplo: "Se você não tiver condições de fazer a remessa na data que mencionamos, é melhor dizer agora de uma vez."

- Peça documentos comprobatórios e exija que o acordo seja claramente dependente de sua exatidão.

- Insista em mecanismos de imposição, como uma penalidade para o descumprimento de alguma cláusula (ou talvez incentivos positivos para seu cumprimento antes da data marcada). Exemplo: "Esperamos que o acordo final preveja uma multa por atraso de US$ 1 mil por cada dia que as metas parciais da construção não sejam cumpridas. Por outro lado, estamos dispostos a pagar um bônus de US$ 20 mil se o prédio estiver pronto para ser ocupado até 20 de julho do próximo ano."

Quando é apropriado negociar por telefone ou *e-mail*? Ou é imprescindível insistir num encontro cara a cara?

É muito melhor negociar pessoalmente quando os sinais não verbais são importantes. Por exemplo, o outro lado pode sentir-se tentado a mentir ou ocultar a verdade nesta transação? As partes têm interesse profissional ou emocional no que está em jogo? Essas situações costumam revelar-se por meio de indícios não verbais.

Algumas pesquisas indicam que é menos provável que as pessoas mintam pessoalmente, talvez por temerem que o outro lado perceba sua dissimulação. De fato, numa negociação frente a frente vemos os olhares de esguelha dos nossos interlocutores, sentimos quando ficam pouco à vontade e captamos as dicas não verbais que revelam a existência de algo mais importante do que mostram suas palavras.

Há inúmeras anedotas que demonstram que *e-mails* ou outras mensagens escritas mais frequentemente resultam em contendas e impasses. O destinatário de um *e-mail* (ou fax) pode interpretar um comentário de maneira negativa, quando não era essa a intenção do remetente. Como ele não está presente para ler as expressões faciais ou ouvir as exclamações do destinatário, não pode corrigir a má impressão — e fica surpreso ou sente-se alvo de uma agressão injustificada ao receber uma resposta num tom irritado, reagindo, por sua vez, da mesma maneira.

Por outro lado, a comunicação por *e-mail* é desprovida de emoções — o que, para um negociador inexperiente, pode ser uma grande vantagem. É menos provável que ele se sinta emocionalmente podado por um negociador agressivo do outro lado. Além disso, como o *e-mail* nos permite refletir sobre uma mensagem antes de clicarmos em "Enviar", é mais difícil que deixemos escapar uma informação vital para nossos interlocutores. A revelação não autorizada de informações pode ser um problema em conversações face a face. Algumas pessoas falam demais. Seja por um ato impensado, seja por uma tentativa de parecerem mais importantes, elas revelam informações vitais. As probabilidades de se cometer este tipo de erro são reduzidas quando o meio de comunicação é o *e-mail*.

Alguns desses problemas do *e-mail*, mas não todos, são resolvidos em parte quando se opta pelo telefone, no qual se pode usar e interpretar o tom de voz para manter as comunicações fluindo. No entanto, é um meio mais incômodo para se propor ideias criativas. Não há como expô-las num quadro-negro ou *flipchart*. Algumas pesquisas recentes indicam que as pessoas tendem a blefar mais pelo telefone. Por outro lado, caso a negociação gire em torno de uma questão simples, em que a comunicação pessoal provavelmente não tem grande importância, o método mais eficiente é o que funciona melhor.

Como devo reagir quando o outro lado põe em dúvida minhas credenciais, meu *status* ou minha autoridade para fechar um acordo?

Por que o estão desafiando? Será que estão só tentando deixá-lo na defensiva, abalá-lo? Ou será que estão de fato preocupados?

A melhor alternativa é deslocar o foco da discussão para seus princípios básicos e gerais. Diga algo como: "Certo. Temos de ser claros quanto à pessoa que pode aprovar este acordo — tanto do meu lado *quanto* do de vocês. Estou autorizado a fechar o acordo dentro dos seguintes parâmetros: *x, y* e *z*. Vou precisar de aprovação formal para qualquer decisão fora desses parâmetros. E quanto a vocês? O que estão autorizados a fazer?"

Se o desafio à sua autoridade foi feito para colocá-lo na defensiva, você terá demonstrado que essas estratégias não terão êxito.

Como determinar o grau de autoridade

O Apêndice contém uma planilha prática que o ajudará a determinar e confirmar tanto o seu próprio nível de autoridade quanto o do(s) indivíduo(s) com quem você vai negociar. Uma versão interativa está disponível, em inglês, no *site* da Harvard Business Essentials: www.elearning.hbsp.org/businesstools.

Obstáculos ao acordo

Como reconhecê-los e superá-los

Principais tópicos abordados neste capítulo

- *Negociadores intransigentes*
- *Falta de confiança*
- *Vácuos informativos e o dilema do negociador*
- *Impedimentos estruturais*
- *Espoliadores*
- *Diferenças culturais e de gênero*
- *Problemas de comunicação*
- *O poder do diálogo*

ALGUMAS NEGOCIAÇÕES não podem ser concluídas pelo simples fato de que uma das partes dispõe de outra alternativa melhor. Para ela, há interesses maiores do que a negociação, e é melhor desistir dela. Mas outras negociações, apesar de possuírem ZAPs, também fracassam. Basta examinarmos a história geopolítica para notarmos os muitos conflitos que poderiam ter sido negociados com êxito se as partes tivessem sido mais objetivas e menos impelidas por orgulho, impaciência, teimosia ou ignorância dos fatos. O mesmo acontece nas transações de negócios e interpessoais. Este capítulo analisa os empecilhos ao êxito das negociações e a maneira de superá-los ou eliminá-los.

Negociadores intransigentes

Eles estão por toda parte: os *negociadores intransigentes,* para os quais cada negociação é uma prova de vontades e uma batalha por cada fragmento de valor. A menos que você pretenda fazer o mesmo jogo — ou não tenha outra alternativa —, negociar com esse tipo de pessoa pode ser inútil. Eis algumas maneiras de extrair o máximo desse tipo de situação:

- Reconheça o jogo de seu interlocutor e não se deixe abalar por ele. Prepare-se para propostas absurdas, concessões de má-vontade e muitos blefes e bazófias ao longo do caminho. Não permita que esses fanfarrões o impeçam de analisar sua MAANA e estabelecer seu preço de reserva e seus objetivos. Procure avaliar os do seu oponente, e aja de acordo.

- Como está lidando com pessoas extremamente gananciosas, cuidado com as informações que revela. Essas pessoas vão usar todas as informações que você fornecer contra você — sem oferecer nada em troca. Assim sendo, divulgue apenas os dados que não puderem ser usados para explorá-lo.

- Se você não estiver seguro em relação à atitude do outro lado, teste sua boa vontade para compartilhar informações. Libere algum dado de menor importância e observe como o utilizam. Usam-no contra você? Reagem oferecendo outra informação em troca? Se a resposta for "sim" à primeira pergunta e "não" à segunda, cuidado com qualquer outra informação.

- Tente outra linha de ação. Sugira outras alternativas: "Aqui estão duas opções para resolvermos este problema." Pergunte qual eles preferem, e por quê. Assim, a bola passará para eles, tentando-os a responder. Caso se recusem, pergunte se seria melhor ou pior para eles se você acrescentasse ou eliminasse uma das opções. Prossiga desta forma. A ideia é fazer com que a outra parte revele mais de suas cartas.

- Esteja disposto a desistir. Caso o outro lado vislumbre algum benefício claro num consenso, vai mostrar-se menos arrogante se perceber que seu comportamento cria o risco de não se chegar a acordo algum.

- Reforce a sua MAANA. Se sua posição for fraca, o outro lado terá condições de intimidá-lo ou ignorá-lo, com poucos riscos. Mas se sua MAANA for mais forte (ou se ficar mais forte com o passar do tempo), o outro lado terá mais respeito pelos seus interesses. (Veja "Seja gentil, mas não deixe de reforçar a sua MAANA".)

Seja gentil, mas não deixe de reforçar a sua MAANA

Nos anos seguintes à Revolução Francesa, as tensões foram se acumulando entre o novo governo francês (o Diretório) e os Estados Unidos. O Diretório fechou os portos franceses aos navios americanos, e sua Marinha capturou inúmeras embarcações mercantes americanas, no que ficou conhecido como "quase guerra". Os emissários enviados a Paris para negociar um relacionamento pacífico e a abertura comercial foram rechaçados.

A quase guerra no mar e a condenação popular dos sangrentos excessos cometidos pela revolução voltaram a opinião americana contra seus antigos aliados; muitos clamavam por guerra. O presidente John Adams adotou uma postura totalmente contrária à necessidade de uma declaração de guerra, vendo apenas perigo e prejuízos nessa opção. Em vez disso, tentou encontrar uma solução pacífica para o conflito e a retomada do comércio, mantendo uma campanha diplomática durante vários anos para garantir os dois objetivos.

Os franceses tinham vantagens evidentes em sua disputa com os Estados Unidos. Precisavam muito menos da amizade e do comércio com os americanos do que estes em relação a eles. Além do mais, quando Napoleão Bonaparte chegou ao poder, a França tornou-se a mais formidável potência militar do mundo ocidental. Podia dar-se ao luxo de tratar o pequeno país norte-americano com arrogância — e foi o que fez.

Sem se deixar demover, Adams continuou insistindo em negociar. Mas, ao mesmo tempo, reforçou sua posição (i.e, sua MAANA) ampliando a Marinha americana, que de um punhado de embarcações passou a ser formada por cinquenta navios, entre eles as mais modernas fragatas. Esse poderio marítimo ajudou a romper o impasse. "A insistência de Adams no poderio naval americano", escreveu seu biógrafo, David McCollough, "mostrou ser decisiva para firmar a paz com a França", em 1800.[1] Um século

> depois, outro presidente americano, Theodore Roosevelt, seguindo o exemplo de Adams, resumiu sua abordagem diplomática com o *slogan* "Seja gentil, mas com um grande porrete nas mãos".

Falta de confiança

É difícil chegar-se a um acordo se não houver confiança mútua. "Como podemos negociar com essa gente?" é um estribilho comum. "Não dá para acreditar em nada que eles dizem. E, se chegarmos a fazer um acordo, como vamos ter certeza de que eles vão cumprir a sua parte?"

A importância da confiança foi citada por Dominick Misino, aposentado da polícia de Nova York negociador de reféns, na *Harvard Business Review*. A confiança, segundo ele, começa com civilidade e respeito:

> *Ao lidar com um criminoso armado, por exemplo, minha primeira regra é, simplesmente, ser educado. (...) Muitas vezes, as pessoas com quem trato são extremamente agressivas — por causa de seu altíssimo nível de ansiedade. Um sujeito armado e entrincheirado dentro de um banco encontra-se em estado de "luta ou fuga". Para amenizar a situação, tenho de tentar entender o que se passa em sua mente. A primeira providência para isso é mostrar-lhe respeito, o que demonstra a minha sinceridade e confiabilidade. Assim, antes que o bandido faça qualquer exigência, eu sempre lhe pergunto se ele está precisando de alguma coisa.*[2]

A sinceridade e a confiabilidade citadas por Misino são as pedras angulares da confiança.

Dada a escolha de negociar com alguém indigno de confiança, quem tem opções realistas recorre às suas alternativas ou restringe os acordos feitos, tornando-os mais restritos ou limitados, o que não seria necessário em outras circunstâncias. Os teóricos da negociação referem-se a eles como *acordos inseguros*. Mas não seja precipitado, desistindo facilmente se desconfiar de que o outro lado não é inteiramente confiável.

- Enfatize que o acordo baseia-se na representação precisa e verdadeira da situação.

- Exija que forneçam documentos comprobatórios, e que os termos do contrato dependam explicitamente da exatidão dessa documentação.

- Estruture o acordo de modo que os benefícios futuros dependam do desempenho e cumprimento anteriores.

- Insista em transparência do cumprimento do que foi combinado. *Respeito transparente* refere-se à possibilidade de monitorar de fora o respeito ao acordo. Para isso é preciso criar um mecanismo de pronto monitoramento e que lhe garanta que os termos do acordo estejam sendo honrados pelo outro lado. Por exemplo, se você tiver concordado em licenciar uma tecnologia patenteada em troca do pagamento de *royalties*, seria prudente incluir no contrato seu direito explícito de examinar periodicamente os livros da outra parte, a fim de garantir seu cálculo correto.

- Exija mecanismos de imposição, como um depósito de garantia, um termo de fiel depositário ou penalidades para o descumprimento do acordo (ou talvez incentivos para seu cumprimento antes do previsto).

Pode-se ainda estimular um clima de maior confiança estabelecendo relacionamentos entre as pessoas e melhorando os canais de comunicação entre as organizações envolvidas na transação. *Joint ventures*, por exemplo, necessitam de uma boa dose de confiança entre organizações independentes. Os gerentes experientes desse tipo de empresa dão aos principais envolvidos das diferentes partes oportunidades de se conhecerem e colaborarem na tomada de decisões. Planejam reuniões em que problemas, oportunidades e atritos podem ser comunicados e discutidos. Mecanismos desse tipo permitem o estabelecimento da confiança necessária ao sucesso da empreitada.

Vácuos informativos e o dilema do negociador

Os negociadores encontram dificuldades para consolidar seus vínculos quando não têm acesso a informações relevantes sobre os interesses de seus interlocutores. Na falta de informações esclarecedoras, eles passam uns pelos outros como navios vagando na escuridão. Considere o seguinte exemplo:

> A Peabody Products acabara de assinar um grande contrato com a Marinha britânica para fornecer-lhe motores elétricos durante os doze meses seguintes, e lutava para estabelecer os relacionamentos necessários com seus fornecedores. Entre os itens de que precisava estavam 20 mil chicotes — e rápido. Infelizmente, todos os seus fornecedores habituais estavam ocupados com outras encomendas. Foi quando o departamento de compras descobriu a Western Manufacturing, pequena fabricante de componentes perto de Glasgow.
>
> Nenhuma das duas empresas sabia muito sobre a outra, e seus negociadores tinham bons motivos para não compartilharem determinadas informações. Por exemplo, os representantes da Peabody não queriam deixar transparecer para o pessoal da Western seu desespero para obter os 20 mil chicotes rapidamente: sem eles, seu contrato com a Marinha poderia ir a pique. "Se a Western soubesse disso", comentou um executivo da empresa, "ficaríamos em péssimas condições para negociar e fatalmente nos passariam a perna no preço. Eles saberiam que estávamos nas mãos deles." A Western, por sua vez, também considerava frágil sua posição. "Se a Peabody Products soubesse que estamos operando com 40% da nossa capacidade", disse o gerente de vendas da empresa ao seu chefe, "eles exigiriam um preço irrisório — e provavelmente aceitaríamos."

Embora a Peabody e a Western precisem uma da outra por importantes razões comerciais, nenhuma das duas percebe isto. Ambas temem revelar a verdade sobre sua situação — e se nenhuma das partes disser nada, talvez acabe sendo impossível negociar um acordo. Agindo no escuro, a proposta de compra da Peabody e a proposta de venda da Western podem ficar tão distantes uma da outra que ambas podem preferir desistir. A situação representa bem o que os teóricos da negociação chamam de *dilema do negociador*. Nesses casos, os dois lados poderiam criar valor se *ambos* fornecessem informações sobre suas necessidades e situação. Entretanto, ambos serão prejudicados se um compartilhar seus dados e o outro, não. Analisemos os possíveis resultados mostrados na Figura 6.1. Aqui percebe-se que as duas empresas terão ganhos modestos se ambas forem francas e verdadeiras — e também fica claro que cada parte tem possibilidade de obter grandes benefícios se ocultar informações ou dissimular quando a outra for franca e verdadeira.

FIGURA 6.1
O Dilema do Negociador

		Western	
		Ser franca e verdadeira	Ocultar ou dissimular
Peabody	Ser franca e verdadeira	Ambas têm ganhos modestos.	Pequeno ganho para a Peabody; grande ganho para a Western.
	Ocultar ou dissimular	Pequeno ganho para a Western; grande ganho para a Peabody.	Nenhuma das duas ganha. As negociações podem fracassar.

Fonte: Adaptado com permissão de Michael D. Watkins, "Diagnosing and Overcoming Barriers to Agreement", anotações de aula 9-800-333 (Boston: Harvard Business School Publishing, rev. 8 de maio de 2000), 4.

No dilema do negociador, uma parte se arrisca se for a primeira a revelar informações importantes, beneficiando-se mais se ficar de boca fechada e estimular o outro lado a se abrir. Se os dois lados permanecerem em silêncio, entretanto, ambos sairão perdendo.

Assim, como este dilema poderá ser solucionado com proveito mútuo? A melhor resposta é o compartilhamento cauteloso, recíproco e crescente de informações. Desse modo, uma das partes corre um risco pequeno, revelando uma parcela pequena de informação sobre seus interesses, e pede em seguida que a outra também lhe conte algo sobre seus desejos. Se houver reciprocidade, começará a se criar um clima de confiança, em que mais dados possam ser divulgados com segurança. À medida que a confiança e a partilha se consolidarem, as partes poderão colocar mais cartas na mesa e identificar oportunidades de criação e reivindicação mútuas de valor.

Impedimentos estruturais

Em certos casos, o caminho para o acordo é bloqueado por impedimentos de ordem estrutural. Eis alguns exemplos típicos:

- Nem todas as partes necessárias estão representadas na mesa. Por exemplo, está sendo negociado o planejamento para o desenvolvimento de um novo produto; o pessoal de pesquisa e desenvolvimento e o de *marketing* está presente, mas ninguém convidou representantes da fabricação, cuja participação é fundamental.
  Solução: Chame as pessoas certas.

- Outros envolvidos na negociação não têm nada a ver com ela e, pior ainda, estão atrapalhando.
  Solução: O grupo deve confrontar o indivíduo ou indivíduos que estão impedindo o avanço e pedir-lhes que saiam da frente. Se houver resistência, deve-se apelar para uma autoridade superior.

- Uma ou mais das partes que têm de participar estão impedindo deliberadamente avanços no sentido de um acordo.
  Solução: Caso você disponha de influência suficiente para se impor, diga-lhes que saiam do caminho. Do contrário, forme uma coalizão para transmitir-lhes essa mensagem.

- Ninguém se sente pressionado pelo tempo, e isto faz com que as negociações se arrastem indefinidamente.

Solução: Evite este tipo de situação acrescentando o que Michael Watkins chama de acontecimento que force a ação, como um prazo ou uma reunião para avaliar os progressos. Por exemplo, "estamos oferecendo à sua empresa uma oportunidade exclusiva para candidatar-se a este trabalho. Contudo, se não conseguirmos chegar a um acordo satisfatório para todos até 15 de março, teremos de procurar outras propostas". Se não havia um elemento de tempo nas negociações, considere a possibilidade de introduzir um. "Já que concordamos que as coisas estão transcorrendo devagar demais, sugiro que estipulemos um prazo para a conclusão das negociações até 15 de março."

- O acordo depende de um consenso em outra negociação à parte, que não está chegando a lugar algum.

    Solução: Se for razoável ou viável, desvincule as duas transações. Se não for possível, pense na possibilidade de introduzir alguma restrição temporal na outra.

Espoliadores

Principalmente nas negociações que envolvem várias partes, alguns detentores de interesse (*stakeholders*) no caso podem ser favorecidos se não se chegar a acordo algum. Podemos chamá-los de espoliadores — já que podem ter a capacidade de bloquear ou sabotar as negociações. Podem ser pessoas com lugares à mesa ou não; por exemplo, o presidente dos Estados Unidos pode estar negociando um acordo comercial com um país estrangeiro, mas dois ou três senadores poderosos que julguem que os interesses de seus eleitores são contrariados pelo acordo podem impedir sua ratificação no Congresso. Um executivo com influência sobre importantes membros do conselho também pode obter o mesmo resultado.

Podemos nos antecipar a esse tipo de empecilho identificando todos os principais afetados, seus respectivos interesses e o poder de cada um de influenciar no acordo e em sua implementação. Depois devemos identificar os potenciais espoliadores e avaliar a necessidade de "adoçar" o acordo, de modo a neutralizar seu incentivo para sabotar o processo.

> ### Dicas para lidar com espoliadores
>
> Muitas negociações internas têm o objetivo de provocar mudanças em uma organização. Embora a mudança seja uma condição necessária de vitalidade, quase sempre gera ganhadores e perdedores — e quem se considerar um possível perdedor fará tudo o que estiver ao seu alcance para resistir à mudança ou solapá-la.
>
> "O reformador tem inimigos em todos aqueles que lucram com a antiga ordem", já avisava Maquiavel aos seus leitores. O que valia para a Itália do século XVI continua valendo hoje. Algumas pessoas desfrutam de vantagens evidentes que — corretamente ou não — podem considerar ameaçadas pela mudança; podem encarar a mudança como uma ameaça ao seu ganha-pão, aos seus benefícios indiretos, aos seus arranjos sociais no ambiente de trabalho ou ao seu *status* dentro da organização.
>
> Sempre que alguém achar que sairá perdendo como desfecho de uma negociação, você pode esperar resistência e uma possível sabotagem. A resistência pode ser passiva — assumindo a forma de uma falta de comprometimento com as metas e o processo para atingi-las — ou ativa, na forma de oposição ou subversão diretas. Aqui estão algumas dicas para se lidar com a resistência e a possibilidade de sabotagem:
>
> - Tente sempre responder à pergunta: "Onde e como essa mudança vai criar sofrimento ou sentimento de perda na organização?"
>
> - Identifique as pessoas que têm algo a perder e procure prever a reação delas.

- Comunique o motivo da mudança aos possíveis resistentes. Ex.: deixe clara a urgência de se substituírem as rotinas ou os esquemas estabelecidos.

- Enfatize os benefícios da mudança para os possíveis resistentes — que podem ser a perspectiva de maior segurança no emprego, salários melhores, e assim por diante. Nada garante que os benefícios da mudança vão superar as perdas desses indivíduos, mas a exposição das vantagens pode ajudar a mudar seu foco dos aspectos negativos para os positivos.

- Ajude os resistentes a descobrirem novos papéis que representem contribuições genuínas e ajudem a mitigar suas perdas.

- Não se esqueça de que algumas pessoas resistem à mudança porque ela implica uma perda do controle sobre suas vidas cotidianas. Você pode restituir-lhes parte desse controle convertendo-os em parceiros ativos do seu programa de mudança.

- Forme uma coalizão com força suficiente para suplantar os espoliadores.

Diferenças de gênero e cultura

Nossa linguagem, nossos processos mentais, percepções, estilos de comunicação e personalidades são constituídos por um emaranhado de cultura, gênero e dinâmicas sociais. A cultura é um amálgama de tendências mais preponderantes num grupo que em outro — a maneira de pensar e comportar-se das pessoas. Sempre que um comportamento alheio nos confunde, tendemos a atribuí-lo, digamos, ao caráter nacional francês, ao jeito de ser das mulheres, ao perfil dos advogados ou mesmo à cultura de determinada empresa.

No entanto, a cultura não determina nem prevê o comportamento nem as escolhas de ninguém. Há sempre imensas variações dentro de uma mesma população. Assim, um engenheiro italiano pode ter mais em comum com um engenheiro alemão que com um artista de seu próprio país. Uma advogada pode ter mais em comum com um colega de profissão do sexo masculino do que com uma musicista do seu sexo.

Com frequência atribuímos rupturas ou dificuldades na negociação a diferenças culturais ou de gênero, quando podem não ser essas as causas do problema. Erguemos as mãos para o céu e clamamos que "o problema é que ela, como mulher, não sabe lidar com conflitos"; ou "ele está atrasado... sabe como são os argentinos com horários". Não cometa esses erros. Ao atribuir problemas ao gênero ou à cultura, você pode deixar de perceber o fato de que a negociadora está indicando o ponto de resistência de sua empresa, ou os problemas de produção da empresa argentina.

Se você estiver negociando com alguém de uma cultura muito diferente da sua e surgirem dificuldades recorrentes de compreensão ou relacionamento, procure um padrão nesses problemas e pergunte-se que tipo de questão está sempre se repetindo. Que tipos de mal-entendidos vocês estão enfrentando? Se encontrar um padrão, analisem-no juntos.

Se tiver tempo, releia a literatura existente sobre a cultura do outro negociador e como ela se compara à sua. Quais são as diferenças? Isso explica o tipo de problema que vocês vêm tendo?

Culturas diversas às vezes chegam à mesa de negociações com premissas diferentes, que não são explicitadas e podem criar obstáculos para um consenso. Michael Watkins descreve pressupostos desse tipo como "as crenças profundas e frequentemente não ditas que permeiam e sustentam os sistemas sociais. São o ar que todos respiram mas nunca veem".[3] Examine, particularmente, premissas sobre quem deve tomar decisões, o que tem valor e o que acontecerá caso se chegue a um acordo.

As diferenças de cultura organizacional também podem estar por trás dos problemas que atormentam os negociadores. Por exemplo, se suas reuniões com o parceiro numa *joint venture* parecem não estar chegando a lugar algum, o problema pode estar na diferença entre a sua cultura organizacional e a da outra parte — o que é particularmente verdadeiro quando uma empresa é bastante empreendedora ("vamos resolver logo isso") e a outra, extremamente burocrática ("temos que seguir os procedimentos estabelecidos"). Foi este o problema de uma aliança de pesquisa e desenvolvimento entre a Alza, pequena e empreendedora empresa iniciante da Califórnia, e a Ciba-Geigy, a gigante farmacêutica suíça. Como descrevem Gary Hamel e Yves Doz:

> *[O fundador da Alza] era um fervoroso defensor do valor de um ambiente informal e igualitário, em que os talentos de cada um pudessem florescer, por intermédio de equipes autogeridas. As equipes da empresa trabalhavam de modo rápido e informal na integração das diversas tecnologias necessárias para desenvolver sistemas transdérmicos de administração de drogas. Já a Ciba-Geigy era uma companhia de duzentos anos. (...) Era o epítome da empresa europeia tradicional, disciplinada e dedicada. E, sendo uma grande empresa multinacional, era estruturada de maneira formal e burocrática.*[4]

Como descrevem Hamel e Doz, as profundas diferenças históricas, culturais e organizacionais tornaram a colaboração e o consenso entre as duas empresas muito difíceis. Os funcionários da Alza esperavam que seus parceiros acompanhassem o ritmo do Vale do Silício, ao passo que os da Ciba desejavam um processo gradual. Para piorar as coisas, foi impossível desenvolver a confiança necessária para cimentar a parceria. O pessoal da Alza sentia um permanente temor de que seu parceiro maior lhe usurpasse seu único bem de valor: sua tecnologia. Tamanha falta de confiança redundou em uma colaboração muito restrita.

Dificuldades de comunicação

A comunicação é o meio de negociação. Não se pode avançar sem ela. Uma comunicação falha torna o que é simples, traiçoeiro e o difícil, impossível. Problemas de comunicação são capazes de pôr a perder acordos e levar disputas a explodir. Se desconfiar de que as dificuldades de comunicação estão fazendo sua negociação desandar, experimente as seguintes táticas:

- Peça uma pausa. Repasse mentalmente o que foi comunicado, como e por quem. Procure um padrão. A confusão ou o desentendimento são derivados de uma única questão? Há alguma premissa ou expectativa importante que não está sendo articulada? Depois da pausa, mencione o problema de uma maneira não acusatória. Ofereça-se para ouvir enquanto o outro lado explica seu ponto de vista sobre a questão. Ouça atentamente, reconhecendo a perspectiva do outro. Explique, por sua vez, a sua própria perspectiva. Depois, procurem identificar o problema.

- Se o porta-voz da sua equipe de negociação parecer irritar o outro lado, escolha outra pessoa para a função. Peça para seus interlocutores fazerem o mesmo, caso o representante deles esteja exasperando o seu pessoal.

- Documentem juntos os progressos à medida que forem sendo feitos. Essa providência é particularmente importante em negociações desenvolvidas em várias fases — isto vai evitar o problema de alguém dizer algo como "não me lembro de ter concordado com isto".

O poder do diálogo

O diálogo é um poderoso meio de comunicação e um antídoto eficaz contra a maioria dos obstáculos humanos identificados neste capítulo — ou de todos. É uma forma de comunicação de eficácia comprovada pelo tempo, em que as partes trocam pontos de vista e ideias com a finalidade de chegar a um acordo amigável. O diálogo costuma ser a melhor maneira de resolver os problemas camada por camada, colocar dificuldades encobertas no centro das atenções, desenvolver soluções e chegar a um entendimento comum.

    Embora a prática do diálogo entre dois ou mais indivíduos sem dúvida remonte aos primórdios do tempo, Platão, por meio de seus diálogos socráticos, ajudou o mundo ocidental a apreciar o seu poder. Seu propósito não era informar-nos a respeito do que *ele* pensava diretamente, mas ensinar-nos a trocar ideias, examinando-as de todos os ângulos num processo lógico que culmina na verdade e no entendimento comum. Esse mesmo processo faz com que as negociações transcorram com maior suavidade, traz à tona as melhores ideias e cria concórdia ao seu redor.

Dialogar também pode ser útil para indicarmos direções sem determinar passo a passo o que as pessoas devem fazer — o que os gerentes das organizações participativas de hoje têm de aprender; para eles, negociar com as pessoas é tão importante quanto comandá-las. Por exemplo, em vez de ordenar "quero o relatório de estoque na minha mesa às 3h da tarde amanhã", experimente algo no seguinte estilo:

Gerente: A quantas anda o relatório?

Funcionário: Está quase pronto. Só falta terminar uma seção.

Gerente: Bom. Você acha que dá para terminar tudo até amanhã à tarde?

Funcionário: Dá, se você precisa dele nesse prazo.

Gerente: É, na verdade vou precisar dele às 3h da tarde, o mais tardar.

Funcionário: Pode contar com ele.

O que funciona entre gerentes e seus subordinados também pode funcionar com as partes envolvidas numa negociação — se começarem devagar, praticarem a escuta ativa e pouco a pouco desenvolverem o nível de confiança necessário para a resolução de problemas.

Resumo

Neste capítulo, examinamos os percalços típicos enfrentados nos acordos negociados e o que se pode fazer para superá-los ou eliminá-los.

- Negociadores intransigentes lutam por cada vantagem, e querem que você seja o único a fazer concessões. É possível lidar com essa gente se você compreender o jogo que fazem, não revelar informações úteis (pois eles só as usariam contra você) a menos que se mostrem dispostos a colaborar também, e deixar claro que não se importa em desistir. Se você não quiser — ou não puder — bater em retirada, faça tudo que estiver ao seu alcance para reforçar sua posição e sua alternativa a um acordo.

- A falta de confiança é um sério impedimento ao fechamento de um acordo. Mesmo assim, é possível chegar a um consenso se você tomar determinadas precauções, exigir mecanismos de imposição, criar incentivos para o cumprimento do acordo e insistir no respeito transparente.

- É difícil fazer um acordo — e impossível criar valor — sem informações. Quais são os interesses do outro lado? O que ele tem a oferecer? O que se dispõe a trocar? Ironicamente, o medo de proporcionar vantagens ao outro acaba levando os interlocutores a reterem as informações necessárias para criar valor para os dois lados. Nenhum deles quer ser o primeiro a abrir-se. Este é o dilema do negociador. A solução é um compartilhamento de informações cauteloso, mútuo e crescente.

- Entre os impedimentos estruturais incluem-se: a ausência de interessados importantes na mesa, a presença de pessoas que nada têm a ver com o processo mas intrometem-se no caminho e a falta de pressão para avançar na direção de um acordo. Apresentamos soluções para cada um desses empecilhos.

- Os espoliadores são aqueles que bloqueiam ou solapam as negociações. Oferecemos várias dicas para neutralizá-los ou conquistá-los, entre as quais a formação de coalizões capazes de suplantá-los.

- As diferenças culturais e de gênero podem constituir obstáculos a um acordo, sobretudo quando uma das partes chega à mesa de negociações com um conjunto de premissas — que escapam ao outro lado — a respeito de quem deve tomar decisões importantes, o que tem valor e o que não tem, e o que vai acontecer caso se chegue a um acordo. É provável que os representantes de organizações com culturas conflitantes (por exemplo, empreendedora *vs.* burocrática) também enfrentem dificuldades para chegar a um consenso.

- Os problemas de comunicação também podem criar obstáculos. Pode-se amenizá-los insistindo em que cada equipe seja encabeçada por um comunicador eficaz e praticando a escuta ativa, documentando os progressos à medida que forem feitos e estabelecendo um verdadeiro diálogo entre as partes.
- O diálogo pode eliminar ou reduzir todas as barreiras descritas neste capítulo.

Equívocos

Como reconhecê-los e evitá-los

Principais tópicos abordados neste capítulo

- *Exagero*
- *Percepções tendenciosas*
- *Expectativas irracionais*
- *Excesso de confiança*
- *Descontrole emocional*

NO CAPÍTULO ANTERIOR, descrevemos os tipos de problemas estruturais que impedem as partes de chegarem a um acordo. Este capítulo descreve os erros mais comuns cometidos em processos de negociação. Todos eles são tiros que saem pela culatra, mas seu rumo pode ser corrigido.

Exagero

Em seu livro *Negotiating Rationally*, Max Bazerman e Margaret Neale mencionam o "exagero irracional" como um erro cometido por homens de negócios normalmente equilibrados quando se envolvem em negociações difíceis e competitivas. Em sua definição, *exagero irracional* é "insistir em um curso de ação previamente escolhido além do que seria recomendado por uma análise racional"[1] — podendo também ser chamado de "excesso de zelo". Bazerman e Neale citam o exemplo da malfadada aquisição por Robert Campeau, em 1987, da Federated Department Stores (empresa controladora da Bloomingdale's), como um caso de exagero irracional. Campeau, que cobiçava a Bloomingdale's tanto por sua rentabilidade inerente quanto pela possibilidade de ser a âncora de vários *shoppings* que planejava construir, perseguiu sua presa apesar da ferrenha concorrência da Macy's — rival que também desejava a empresa e fez um lance elevado. Para não ser sobrepujado, Campeau fez uma oferta de cerca de US$ 500 milhões acima da proposta final da Macy's. Com tanta ousadia, ele venceu a briga — mas também condenou sua própria organização à falência.

A lição da história da Bloomingdale's, como engenhosamente assinalam Bazerman e Neale, é que mesmo uma boa estratégia produz maus resultados se for arrastada até um ponto em que já não faça mais sentido. A Bloomingdale's valia um bom preço, mas não o que foi pago por Campeau. Pagar caro demais é uma lição que encontramos repetidamente nos anais dos negócios.

Por que empresários normalmente sagazes cometem o erro do exagero? Eis aqui alguns motivos possíveis — e possíveis soluções.

1. Seus egos não conseguem tolerar a possibilidade de "perder". Os CEOs e outros altos executivos estão habituados a conseguir tudo o que querem — e não querem sair de mãos abanando de uma negociação, sobretudo se for muito visível. Assim, quando para vencer é preciso pagar mais do que qualquer critério racional julgaria sensato, seus egos tentam-nos a pagar mesmo assim; eles então apontam para "sinergias futuras" ou outros valores nebulosos como justificativas para seu comportamento.

2. Leilões e outras competições do gênero, que jogam indivíduos uns contra os outros, estimulam o comportamento irracional. Como disse um consultor, "os colecionadores, em especial, não exibem um comportamento racional com relação a preços".[2] Na falta de expectativas específicas de preço, é mais provável que ultrapassem o preço que podem pagar do que se atenham ao valor real. A ânsia de possuir algo — e de ganhar de outros concorrentes — suplanta seu senso comercial.

3. Constata-se um problema de principal/agente. Em geral, quem se dá ao luxo de ir além do ponto da racionalidade para vencer faz isso com recursos de

terceiros (OPM, *other people's money*). Como *agentes* dos acionistas (os verdadeiros donos do dinheiro), podem ficar com o mérito pela "vitória" e mandar a conta para os verdadeiros proprietários da empresa. Parece improvável que os agentes fossem tão audaciosos ou imprudentes se estivessem gastando suas próprias e suadas economias.

Soluções

- Tenha certeza de suas alternativas ao acordo *antes* de negociar. Lembre-se de que o dinheiro que você deixar de jogar fora num acordo supervalorizado estará à sua disposição para gastar em suas outras opções. Lembre-se também de que o dinheiro que seu concorrente usar para derrotá-lo não estará mais ao seu dispor quando o próximo negócio surgir no horizonte.

- Antes das negociações, seja muito objetivo e pragmático ao definir um preço acima do qual o bom senso recomendaria a desistência. Busque concordância e apoio mútuo dentro de sua equipe em relação a esse preço. "Então, está combinado que não ofereceremos mais de US$ 350 mil? Alguém tem outra opinião?" Se várias pessoas concordarem com um determinado preço, a tentação de exagerar será menor.

- Defina pontos específicos em que você e sua equipe irão parar para fazer uma análise de onde se encontram na negociação e para onde estão indo.

- Se durante as negociações novas informações indicarem que é recomendável aumentar o preço de reserva, seja objetivo ao recalculá-lo.

- Quanto ao problema principal/agente, a melhor solução é alinhar a recompensa do negociador com os interesses econômicos dos acionistas. (Esse tópico será analisado mais detalhadamente no Capítulo 9.) O conselho de administração também deve empenhar-se em proteger os interesses dos acionistas de um comportamento irracional por parte do CEO — um problema complicado, porque os membros de conselhos, em sua maioria, pertencem à mesma categoria dos CEOs; nos Estados Unidos, por exemplo, quase todos os membros dos conselhos de grandes empresas são também CEOs — isto é, agentes de acionistas.

Percepções tendenciosas

A *percepção tendenciosa* é um fenômeno psicológico que faz com que as pessoas percebam o mundo por um viés a seu próprio favor ou coerente com seus próprios pontos de vista. Por exemplo, torcedores fiéis sempre acham que o árbitro foi injusto com seu próprio time numa partida. Os eleitores que assistem a um debate presidencial tendem a achar que seu candidato "ganhou". Um painel de engenheiros que representam dois parceiros de uma *joint venture* não consegue chegar a uma conclusão a respeito do desempenho de uma das empresas no cumprimento de sua parte no acordo.

Os bons negociadores sabem como ficar de fora de uma situação e encará-la com objetividade, evitando assim percepções tendenciosas. Também são capazes de compreender a maneira de pensar dos outros envolvidos, bem como seus pontos de vista exclusivos — e tendenciosos. Você pode fazer o mesmo se experimentar o seguinte:

- Reconheça a percepção tendenciosa como um fenômeno que atinge todos nós.
- Ponha-se no lugar do outro. Como a questão lhe pareceria, nesse caso?
- Apresente o problema para colegas (sem revelar de que lado você está) e peça suas opiniões.

Para comunicar sua posição à outra parte:

- Tente apresentar o problema tal como você o vê, e pergunte como ela o encara.

- Use alguma analogia ou situação hipotética para expor o problema do modo como você o enxerga.

Outra técnica para reduzir as percepções tendenciosas é que os dois lados invertam seus papéis, como no seguinte exemplo:

Quando dois vereadores propuseram a ampliação do campo de golfe da cidade, depararam-se com as objeções dos ambientalistas locais e amantes da natureza. "A expansão do campo de golfe da cidade vai proporcionar uma receita substancial para o município", argumentaram os dois vereadores. "Não é verdade", retorquiram seus oponentes. "Não faz sentido em termos econômicos, e seria preciso derrubar nossos últimos bosques."

Diante da divisão da comunidade, o prefeito formou uma comissão para averiguar e relatar os vários méritos e deméritos do projeto, com representantes de todas as partes interessadas.

Cada lado apresentou seus fatos — relativos aos aspectos econômicos da expansão, ao impacto ambiental, aos valores comunitários, e assim por diante. Mas nenhuma das partes queria aceitar os fatos ou interpretações da outra, e cada uma pôs em dúvida a honestidade da outra.

Para ajudar os membros da comissão a chegarem ao consenso necessário para fazerem um relatório objetivo, o prefeito pediu que os adversários trocassem de papéis — de modo que os ambientalistas representassem as "evidências" coletadas pelos partidários da expansão do campo de golfe, e vice-versa, devendo preparar uma defesa coerente e convincente do pensamento do adversário.

Ao fim do exercício, todos estavam em condições de apreciar melhor o ponto de vista dos outros. Embora ainda divergissem a respeito de alguns pontos fundamentais, foram capazes de redigir para o prefeito e a comunidade um relatório que representava de modo imparcial todas as informações e pontos de vista.

Se essas sugestões falharem, convide uma terceira parte ou especialista neutro para darem uma orientação imparcial.

Expectativas irracionais

É difícil haver acordo quando uma ou mais partes têm expectativas que não podem ser atendidas — o que elimina qualquer zona de acordo possível. Não são poucos os que cometem esse erro quando participam de uma negociação. Considere o seguinte exemplo:

Como toda escritora que está desabrochando, Marie já havia lido histórias sobre os fabulosos adiantamentos de direitos autorais que certos autores recebiam por seus manuscritos, ou até mesmo por argumentos. "O Papa recebeu US$ 4 milhões", contou a uma amiga. "E Hillary, US$ 8 milhões!" Ela não tinha a pretensão de receber tanto por seu livro de autoajuda, A alegria de colecionar antiguidades. *Afinal, era sua primeira obra. Mas esperava cerca de US$ 100 mil.*

Infelizmente, a editora que ela procurou com sua proposta de dez páginas não tinha a mesma opinião. "Lamento, mas US$ 10 mil é o máximo que podemos pagar", disseram-lhe.

"Você só pode estar brincando", explodiu Marie. "Isso não cobre nem os três ou quatro meses que eu teria de me ausentar do trabalho para escrever o livro!"

Depois de trocar farpas com o editor, Marie foi a outra editora, onde (surpresa!) recebeu a mesma resposta à sua exigência de um grande adiantamento. "Vocês não entendem nem do seu próprio negócio!", ela bradou.

"Olha, Marie", aconselhou o segundo editor. "Você é uma autora estreante, sem nenhum histórico, e o seu tema só vai interessar a um nicho restrito de leitores. Esse não é, de jeito algum, o material dos grandes best-sellers." Ele mal tinha terminado de falar quando ouviu Marie bater o telefone na sua cara.

Depois de mais duas respostas igualmente decepcionantes, a melhor amiga de Marie deu-lhe um conselho. "Marie, você já teve conversas animadoras com vários editores importantes. Todos gostaram da sua proposta, mas nenhum se dispôs a dar-lhe nada próximo do adiantamento que você insiste em receber. Talvez isso seja o melhor que você pode conseguir com esse tipo de livro. Talvez a sua expectativa esteja superdimensionada."

"Besteira!", ela resmungou. "Só estão tentando tirar vantagem de mim."

De fato, as expectativas de Marie eram, no entender dos editores, irreais. Ela também não tinha poder de barganha para obrigá-los a aceitar seu ponto de vista. Não fosse por sua expectativa irracional, ela talvez tivesse conseguido negociar um acordo com qualquer um deles.

Histórias como essa não são raras, mas também não são insolúveis. No caso de Marie, sua expectativa irracional resultou numa ZAP inexistente, como descrevemos no Capítulo 2. Com o preço de reserva do editor girando em torno dos US$ 10 mil e o de Marie em torno de US$ 100 mil, simplesmente não havia uma intercessão na qual fosse possível chegar a um acordo. Esta situação lamentável poderia ser corrigida se as partes tivessem tomado uma das seguintes providências, ou ambas:

- **Diálogo educativo.** O editor poderia ter uma conversa tranquila e sincera com Marie, mostrando-lhe o número de cópias que teria de vender para cobrir o adiantamento de US$ 100 mil pedido por ela. Ele também poderia mencionar as vendas unitárias de livros semelhantes, nenhum dos quais vendera cópias suficientes para merecer o adiantamento desejado por Marie. Por exemplo: "Veja, Marie, para o seu livro render US$ 100 mil de direitos autorais, teríamos de vender no mínimo 50 mil exemplares, e acreditamos que esse número é bastante improvável. Publicamos três livros sobre coleção de antiguidades nos últimos anos, e nenhum deles vendeu mais de 12 mil cópias. Você quer conferir os números pessoalmente?" Este esclarecimento talvez bastasse para levá-la a reduzir significativamente seu preço de reserva.

- **Novas informações.** Marie poderia fornecer informações (se as encontrasse) para induzir o editor a aumentar seu preço de reserva — assim como sua expectativa de vendas futuras. Por exemplo: "Recebi recentemente esta carta do diretor de *marketing* da *Antiquing Monthly,* que tem 200 mil assinantes, manifestando interesse em adquirir 10 mil cópias para distribuir como brinde para os novos assinantes."

Qualquer uma dessas táticas teria reduzido o problema provocado pelas expectativas irracionais.

Quais são suas expectativas ao preparar-se para negociar com seu chefe, cliente ou subordinados? Serão realistas? Será que o outro lado tem expectativas semelhantes em relação a aspectos fundamentais da negociação? O acordo poderia ser inviabilizado por uma grande falta de consonância entre as suas expectativas e as de seus interlocutores. Neste caso, é preciso pautá-las por fatos da realidade concreta.

Excesso de confiança

Confiança é uma coisa boa. Ela nos dá a coragem necessária para enfrentar situações penosas e incertas, como negociações. A confiança em excesso, entretanto, pode acarretar um grande tombo. A confiança exagerada pode nos levar a superestimar nossas próprias vantagens e a menosprezar as de nossos rivais. Considere o exemplo da Guerra de Secessão americana. Os dois lados esperavam derrotar o outro rapidamente e "trazer os meninos de volta para casa" em poucas semanas. Quatro anos e centenas de milhares de baixas depois, os contendores ainda se digladiavam — e numa escala que nenhum dos dois poderia prever. Para provar que esse erro não é exclusivo dos americanos, temos o exemplo da Marinha Imperial nipônica, às vésperas da Batalha de Midway.*

---

*Batalha naval da Segunda Guerra Mundial em que os japoneses sofreram uma derrota significativa, perdendo quatro porta-aviões, um cruzador e mais de 300 aviões, contra um porta-aviões americano, um destróier e cerca de 150 aviões. (*N.T.*)

Seus comandantes consideravam a Marinha americana incompetente e covarde — confiança que os encorajou a correr um risco tático que resultou em grandes perdas e propiciou a virada do jogo no Pacífico.

Observamos um excesso de confiança semelhante em disputas interpessoais e de negócios em que uma das partes recusa-se a entrar em acordo, preferindo o litígio. "Estamos seguros de que o tribunal se pronunciará a nosso favor. Segundo os advogados, nossa causa é muito forte."

O excesso de confiança pode nos impedir de reconhecer perigos e oportunidades — e é reforçado por um outro erro, conhecido como *pensamento grupal* ("*groupthink*"). O falecido Irving Janus, psicólogo de Yale que cunhou a expressão, a definia como a "maneira de pensar exibida pelas pessoas quando profundamente envolvidas num grupo coeso, quando a ânsia dos membros por unanimidade se sobrepõe à sua motivação para fazer uma avaliação realista de cursos alternativos de ação".[3] O pensamento grupal é fruto da convergência de ideias em torno de uma norma; infelizmente, essa convergência é consequência menos da objetividade que de pressões psicológicas sociais. No fim das contas, os pontos de vista opostos são reprimidos em favor da homogeneidade e de uma ilusão de certeza. Quem "pensar diferente" é reeducado ou expulso. Eis alguns sintomas de pensamento grupal:

- Há uma sensação de invulnerabilidade.

- Os líderes são isolados (protegidos) de evidências contraditórias.

- Os membros só aceitam dados que confirmem sua maneira de pensar.

- Os defensores de pontos de vista divergentes sofrem censura.

- Não se consideram alternativas.

- Os membros do grupo "externo" são menosprezados ou demonizados.

Você identifica algum desses sintomas em sua equipe de negociação? Em caso afirmativo, aqui está uma sugestão para livrar-se deles antes que o pensamento grupal acarrete erros graves: encarregue um grupo de pessoas qualificadas e respeitadas de encontrar e representar de maneira objetiva os dados importantes. O mesmo grupo deve analisar e fazer um relato de cada uma das suas premissas básicas.

Descontrole emocional

As pessoas tendem a partir do pressuposto de que o descontrole emocional é característico de divórcios e outras negociações pessoais, mas dificilmente dos negócios. Não é verdade. A dissolução de sociedades empresariais são chamadas de "divórcios" comerciais por um excelente motivo: envolvem uma gigantesca raiva e ressentimentos pessoais.

É ruim quando a raiva passa a dominar uma negociação. As partes deixam de se concentrar na lógica e em seus interesses racionais; seu objetivo passa a ser o de provocar danos ao outro lado, mesmo quando isso for prejudicial também para si próprias. Considere o seguinte exemplo:

> Harold e Simon eram sócios igualitários de uma pequena empresa. Harold ansiava por retirar-se do negócio e dedicar-se a outros interesses, além de querer que seu filho, Alex, ocupasse seu lugar; para tanto, planejou vender gradualmente sua participação para Alex.
>
> — De jeito nenhum — insistia Simon. — Alex é totalmente inepto, e não vou aceitá-lo aqui destruindo tudo o que construí nesses anos todos.
>
> — O que você quer dizer com "tudo o que você construiu", Simon? Esta empresa cresceu graças à minha liderança, e quero que o meu filho tenha a oportunidade de aprender e construir seu próprio legado.
>
> — Só passando por cima do meu cadáver. Ou você vende a sua parte para mim, ou vou afundar esta empresa.

Até parece o pior dos divórcios, não? Há um tremendo prejuízo quando os negociadores permitem que suas emoções fujam de seu controle — o que se verifica com frequência no caso de empresas familiares, quando o fundador/patriarca tenta aposentar-se e confia seu reino a um sucessor cuidadosamente selecionado. Em alguns casos, os irmãos voltam-se uns contra os outros e contra seus pais, praticamente afundando a empresa com a disputa e processos dispendiosos.

Se você perceber que isso está acontecendo na sua negociação, tente o seguinte:

- Combine uma pausa para os combatentes esfriarem a cabeça e diga-lhes para irem cada qual para seu canto.
- Recrute um moderador objetivo. Um moderador que tenha em mente o interesse das partes beligerantes talvez consiga amenizar as emoções, intermediar as comunicações e proporcionar a "supervisão adulta" necessária durante as negociações posteriores.

Se não houver um moderador, faça o seguinte:

- Descubra o que está enfurecendo o outro negociador. O que este negócio ou esta disputa significam para ele? Ouça com atenção quando ele se irritar. Procure pistas.
- Responda ao que parece ser o problema emocional. Manifeste empatia pelo que ele significa para o outro.
- Não se esqueça de que quase sempre as pessoas ficam irritadas e frustradas no nível pessoal quando acham que foram vítimas de engodos, injustiças, humilhações ou golpes no seu orgulho e falta de respeito. Pode-se evitar esse terreno minado concentrando a discussão nos problemas e dúvidas, e não nos indivíduos e suas personalidades.

Se nenhuma dessas sugestões der certo, experimente pedir uma interrupção nas negociações ou tente conseguir outro negociador que seja menos emotivo, se possível. Do contrário, sugira que a negociação passe a ser conduzida por um mediador externo e neutro.

A importância da equidade

A raiva e os comportamentos irracionais quase sempre são deflagrados por uma violação do senso de justiça de uma das partes. Às vezes preferimos abdicar de ganhos pessoais tangíveis a concordarmos com um acordo que nos trate de maneira injusta. Analisemos como a maioria das pessoas agiria na situação a seguir, que adaptamos de uma história contada por Bazerman e Neale.[4]

Stephanie e George estão almoçando no refeitório da empresa. Seu chefe se senta e diz: "Estou com US$ 100 aqui no bolso, que quero dar a vocês. Só há duas condições." Dirigindo-se a George e mostrando-lhe um maço de notas de US$ 1, ele explica: "A primeira é que George resolva como os US$ 100 serão divididos entre vocês. A segunda é que vou ficar com o dinheiro caso vocês não consigam chegar a um acordo sobre a divisão."

Stephanie e George acham graça da proposta, mas não chegam a ficar inteiramente surpresos, já que seu chefe está sempre propondo charadas do gênero. George pensa que qualquer quantia que reserve para Stephanie será um dinheiro com que ela não contava; assim sendo, racionalmente ela aceitaria de bom grado qualquer oferta que ele lhe faça. "Pois bem", diz ele. "O negócio é o seguinte: vou dar US$ 20 para Stephanie e ficar com US$ 80."

"Ora, pode ficar com os seus US$ 20", ela reage, saindo da mesa. "Que coisa mais injusta!"

O chefe ri e pega o bolo de notas de volta, deixando George sem nada.

> A lição desta historinha é que a racionalidade pode ser sobrepujada pela sensação de uma das partes de ter sido injustiçada. George equivocou-se ao presumir que Stephanie seria racional a ponto de aceitar a divisão de US$ 20 / US$ 80.

Resumo

Os equívocos cometidos pelos negociadores podem resultar num acordo ruim ou até inviabilizá-lo. Neste capítulo, examinamos cinco erros dos mais corriqueiros.

- O exagero — isto é, o exagero irracional — é a insistência num curso de ação previamente escolhido além do ponto em que ele continue fazendo sentido. Alguns cometem esse erro por não conseguirem suportar a ideia de saírem perdendo. Outros são vítimas da febre dos leilões.

- A percepção tendenciosa é o fenômeno psicológico que leva as pessoas a perceberem a verdade com um viés a seu próprio favor ou de seu próprio ponto de vista.

- As expectativas irracionais são um erro na medida em que eliminam a zona de acordo possível.

- O excesso de confiança ao negociar é perigoso: estimula os negociadores a superestimarem suas vantagens e a subestimarem seus rivais. É reforçado pelo pensamento grupal, uma maneira de pensar que gira em torno do consenso e tende a suplantar a motivação para avaliar com realismo cursos de ação alternativos. O antídoto tanto para a confiança excessiva quanto para o pensamento grupal é contar com um ou mais observadores externos objetivos, que avaliem nossas premissas.

- Nas negociações empresariais observa-se com frequência descontrole emocional — que quase sempre acarreta danos para a própria pessoa que o manifesta. Entre as soluções recomendadas neste capítulo estão uma pausa para esfriar a cabeça e o uso de um mediador objetivo.

Quando o relacionamento é importante

Um outro conceito de vitória

Principais tópicos abordados neste capítulo

- *A importância dos relacionamentos*
- *Como a percepção do valor do relacionamento afeta as negociações*
- *Como separar o acordo do relacionamento mais amplo*

NESTE CAPÍTULO, examinaremos a negociação com funcionários, clientes e fornecedores — partes que representam relacionamentos importantes. Ao contrário de muitas situações em que os negociadores procuram maximizar os resultados a seu favor, há ocasiões em que o relacionamento com a outra parte tem tanta ou mais importância, principalmente a longo prazo. "Ganhar", nesses casos, ainda que a negociação pareça ser exclusivamente distributiva, significa mais do que simplesmente exigir o máximo de valor possível.

A importância dos relacionamentos

As pessoas tendem a pensar nas negociações como algo que ocorre entre entidades distantes que tentam, cada qual por seu lado, obter o melhor acordo possível para si, sem precisarem pensar no futuro: um vendedor de carros e um cliente em potencial, uma vítima e um réu num processo de violação dos direitos do consumidor, cônjuges que se divorciam, e assim por diante. Embora essa impressão seja válida em muitos casos, há outras negociações que ocorrem entre indivíduos e entidades que são mais próximos e não se preocupam exclusivamente com a transação em si. O relacionamento entre essas partes é importante, e elas, por um motivo ou outro, pretendem mantê-lo. Aí se incluem gerentes e seus subordinados diretos, fabricantes e seus principais fornecedores, e profissionais cujo trabalho depende da colaboração dos colegas.

Dois fenômenos ocorridos nos últimos vinte anos mais ou menos são responsáveis pela frequência das negociações em que o relacionamento é importante. O primeiro é o achatamento das organizações. A maior horizontalidade das organizações e o alcance maior do controle gerencial provocaram uma dispersão de poder, dando aos gerentes e funcionários dos escalões inferiores maior autonomia de ação e decisão. Com o poder assim disperso, a negociação veio substituir o "faça isto" por "eis o que precisa ser feito" — uma maneira de passar o foco para os recursos e garantir a execução do trabalho. A consequência foram as soluções negociadas entre partes que precisam manter relacionamentos sólidos.

A mudança *dentro* das organizações encontra paralelo nas mudanças ocorridas *entre* elas. As empresas mostram-se menos propensas a jogar um fornecedor contra o outro para conseguir o melhor negócio. Em vez de espremerem seus fornecedores, muitas empresas importantes os veem agora como parceiros a longo prazo. Ao mesmo tempo, as empresas ingressaram com muito mais frequência em *joint ventures* e alianças estratégicas — acordos em que os relacionamentos têm de ser administrados com cautela.

O professor de Harvard John Kotter salienta a importância dos relacionamentos e suas características:

> *Os bons relacionamentos profissionais, baseados em alguma combinação de respeito, admiração, necessidade, obrigação e amizade, são uma fonte crucial de poder para ajudar a fazer o que precisa ser feito. Sem eles, mesmo a melhor ideia possível pode vir a ser rejeitada ou sofrer resistência num ambiente em que a diversidade alimente desconfianças e a interdependência nos impeça de dar ordens aos participantes mais importantes.*[1]

A importância dos bons relacionamentos muda a maneira como as pessoas lidam umas com as outras ao negociarem, moderando as tentativas mais extremadas de exigir valor. Por quê? Há três motivos:

1. **A previsão de transações futuras, de valor real:** Pecar por excesso de cobiça hoje implicaria risco de perder essas transações valiosas.

2. **Espera-se reciprocidade por parte do outro lado:** Damos um pouco nesta transação na expectativa de que a outra parte nos ajude no futuro.

3. **Um bom relacionamento cria confiança:** A confiança reduz o custo de se monitorar o cumprimento do acordo nos mínimos detalhes.

Como a percepção do valor do relacionamento afeta as negociações

Naturalmente, as negociações entre partes que dão valor ao seu relacionamento serão diferentes daquelas entre partes que não lhe dão valor. Considere os seguintes exemplos:

> *Depois de três anos de constantes divergências e altercações a respeito da maneira de administrar sua loja de roupas sob encomenda, Phyllis e Sharon decidiram encerrar sua sociedade. Uma culpa a outra pelo rompimento, e ambas estão furiosas demais para conversarem sobre como deveriam dividir as responsabilidades pelos recursos e dívidas.*

> *A Acme Sound Corporation e uma de suas principais fornecedoras de peças, a Waltham Widgets, estão negociando para resolver uma divergência a respeito de um determinado lote de 1 mil transistores. "Recebemos uma grande quantidade de reclamações na garantia dos amplificadores fabricados com essas peças", explica o gerente de compras da Acme. "Nossa análise conclui que os transistores da Waltham são a causa principal, e sofremos perdas financeiras consideráveis por causa das queixas e dos danos à nossa reputação de aparelhos de som de qualidade." O representante da Waltham não vê as coisas da mesma maneira. Mesmo assim, as duas partes procuram resolver suas diferenças de modo a não abalar a continuidade do seu relacionamento comercial.*

Os contendores dos dois exemplos mantêm relacionamentos, mas tratam-nos de maneira completamente diferente. Phyllis e Sharon negociam como se seu relacionamento fosse destituído de qualquer valor futuro — o que parece ser o caso. Cada qual tentará obter a maior parcela possível do que sobrou da empresa. Reivindicar valor é, de fato, o objetivo primordial de cada parte.

Já a Acme Sound e a Waltham Widgets também têm um relacionamento, ao qual ambas dão valor. Como fabricante, a Acme sabe, por experiência própria, o risco a que um novo fornecedor, ainda desconhecido, pode expor suas operações. Do seu ponto de vista, a melhor maneira de manter estável a sua produção é encontrar fornecedores de confiança e aprender a trabalhar com eles. A Waltham Widgets tem opinião semelhante. Por conseguinte, ambas se dispõem a moderar seu apetite por uma vitória completa em suas contendas. "A Waltham tem sido uma parceira importante no nosso crescimento ao longo dos últimos doze anos, e esta é a primeira vez que temos algum problema sério com eles", lembra o gerente de compras da Acme. "Mas a qualidade é tão crucial no nosso setor que qualquer falha tem de ser abordada diretamente e sem hesitação. Precisamos nos equilibrar entre esses dois fatos."

O representante da Waltham externa opinião semelhante: "A Acme é uma cliente importante, e nosso pessoal trabalha junto com ela em tudo, desde o projeto de novos produtos até a pontualidade da entrega. Não acreditamos que nossos transistores tenham sido a causa de seus problemas e pretendemos trabalhar junto com eles para comprová-lo, e para descobrir onde o problema ocorreu de fato."

O valor a ser reivindicado nos dois exemplos pode ser representado como um bolo, como mostra a Figura 8.1. Para Phyllis e Sharon, ele é 100% constituído de valor financeiro, e cada uma está tentando obter a maior fatia possível. No que lhes diz respeito, não há valor no relacionamento. A empresa fabricante de aparelhos de som e sua fornecedora, por outro lado, reconhecem que tanto o valor monetário quanto o do relacionamento estão em jogo — e ambas têm consciência de que, se forem agressivas demais ao reivindicarem valor financeiro, o valor do relacionamento será reduzido.

FIGURA 8.1
Os valores financeiro e do relacionamento

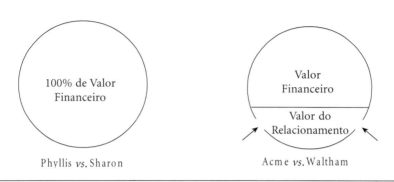

Mas há um importante complicador: embora a Acme e a Waltham reconheçam o valor do relacionamento como parte da dinâmica da negociação, é bastante improvável que ambas lhe atribuam o mesmo valor. É quase certo que uma delas o valorize mais que a outra. Também é muito provável que as questões abaixo sejam verdadeiras:

1. Nenhum dos lados é capaz de quantificar o valor que atribuem ao relacionamento. De fato, essa avaliação provavelmente vai variar entre os indivíduos da mesma empresa. Por exemplo, o gerente de compras da Acme pode ter uma maneira de encarar o relacionamento com a Waltham muito diferente da do diretor financeiro de sua empresa, mais interessado em parâmetros financeiros. O gerente de compras também vai se preocupar com o dinheiro, mas também dará valor à confiabilidade do fornecedor na entrega, à incidência de defeitos de fabricação e à capacidade de aumentar rapidamente a produção em resposta à demanda dos clientes.

2. Nenhum dos lados tem como saber como o outro avalia a importância do relacionamento. Por exemplo, o gerente de compras da Acme pode ter lá seus pontos de vista sobre o valor do relacionamento, mas não tem como

saber com a menor certeza como a Waltham, como empresa, valoriza seu relacionamento com a Acme. "Será que o valor que dão ao relacionamento é alto a ponto de eles cederem à nossa exigência de ressarcimento?", ela se pergunta.

Essas duas formas de incerteza influenciam a tática e a intensidade de cada lado na negociação com o outro.

Agora, analise as negociações em que você está envolvido no momento, e procure responder às seguintes perguntas:

- **Até que ponto o valor do relacionamento deve influir em meus objetivos e minhas táticas de negociação?** Sua resposta deve basear-se em duas considerações: 1) em que medida você vai lidar com o outro lado no futuro e 2) um cálculo aproximado do valor atual dos benefícios que você esperaria obter em futuras transações com essa parte. Obviamente, se é improvável que você volte a negociar com esse interlocutor, não há valor de relacionamento com que se preocupar. Seu objetivo deve ser a reivindicação de valor. Caso contrário, porém, você deve fazer um cômputo mental dos benefícios futuros e desenvolver uma estratégia para a criação e divisão de valor entre as duas partes.

- **Até que ponto o valor do relacionamento é importante para a parte com que estou negociando?** Se for capaz de responder, você saberá até onde pode insistir ao reivindicar valor para si. Ao elaborar sua resposta, coloque-se no lugar da outra pessoa e aplique as duas considerações gerais que acabamos de discutir: a probabilidade de futuras transações com o outro lado e uma estimativa dos benefícios futuros previstos.

A maneira certa

O especialista em negociações Danny Ertel salienta os problemas associados às negociações nos quais elementos do acordo e do relacionamento se entrelaçam:

> [Os negociadores] receiam que, se insistirem em obter o melhor acordo possível hoje, venham a pôr em risco a possibilidade de sua empresa voltar a fazer negócios com a outra parte no futuro. Ou que, se derem demasiada atenção ao relacionamento, acabem cedendo demais e fazendo um mau negócio. Embora natural, esta confusão é perigosa, pois deixa o negociador vulnerável à manipulação pela outra parte.[2]

O perigo da manipulação obviamente é maior quando uma das partes valoriza o relacionamento e a outra, não. Ertel cita o exemplo de um escritório de contabilidade que precisava renovar todos os anos seu contrato de auditoria com uma grande empresa. O cliente está interessado em obter um acordo mais barato, ao passo que aos contadores interessa o relacionamento a longo prazo. Assim, quando aquele exige um preço mais baixo, estes capitulam para preservar o relacionamento. Ao fim de alguns anos, contudo, o relacionamento deixará de proporcionar lucro à firma de contabilidade.

Essa situação faz com que você se lembre de suas negociações? Em caso afirmativo, você poderia considerar o valor real dos seus relacionamentos com aqueles clientes específicos. Quanto lucro proporcionam? "Ao longo dos anos", escreve Ertel, "pedi a centenas de executivos que refletissem sobre seus relacionamentos de negócios e se perguntassem para que tipo de clientes fazem mais concessões e mais favores dispendiosos e, de maneira geral, cedem mais valor."[3] A resposta mais comum, ele conta, é que as concessões são feitas para os clientes mais difíceis e menos valiosos — e sempre na vã esperança de que o relacionamento melhore!

Como podemos evitar cair nessa mesma armadilha? Ertel nos aconselha a fazer uma distinção entre o acordo e o relacionamento — ou seja, traçarmos uma clara delimitação entre os componentes do acordo e os do relacionamento. Talvez seja útil fazer uma lista como a da Tabela 8.1, em que uma das colunas relaciona diferentes aspectos do acordo e a outra, do relacionamento.

TABELA 8.1
Classificação dos diferentes aspectos de uma negociação

Aspectos do acordo	Aspectos do relacionamento
Preço em diferentes faixas de volume	Reconhecimento dos objetivos mútuos a longo prazo
Contratos de prestação de serviços	Reconhecimento dos objetivos e interesses individuais
Substituição de equipamentos obsoletos	Futuras oportunidades de colaboração
Resoluções contestadas	Confiança e respeito constantes
Condições de rescisão	
Atribuição das responsabilidades do vendedor estabelecidas em contrato	

Fonte: Adaptado mediante permissão de Danny Ertel, "Turning negotiation into a corporate capability", *Harvard Business Review*, maio-junho de 1999, 62.

Não encare a negociação como uma gangorra, em que melhorar o relacionamento resulta necessariamente em perder no acordo. Em vez disso, ambos devem ganhar ou perder juntos. Segundo Ertel,

> *Um relacionamento sólido gera confiança, que permite às partes compartilharem informações mais livremente — o que, por sua vez, resulta em acordos mais criativos e valiosos e numa disposição maior para continuarem trabalhando juntas. Mas quando firma-se um acordo que não seja muito atraente para uma das partes (ou para ambas), há grande probabilidade de que elas invistam menos tempo e esforço no trabalho conjunto e sejam mais cautelosas ao se comunicarem — o que acarreta o desgaste do relacionamento.*[4]

A Figura 8.2 mostra a maneira como Ertel enxerga o ciclo acordo-relacionamento. No "método tradicional", a exploração do acordo por uma das partes cria um círculo vicioso de desconfiança e retenção de informações. Tanto o acordo como o relacionamento acabam sendo prejudicados, com a predominância de uma mentalidade de soma zero. Na "abordagem melhor", os negociadores não se sentem compelidos a optar entre um bom relacionamento e um bom acordo. Por conseguinte, trocam informações e ideias criativas mais livremente, ampliando as possibilidades do acordo — o que gera um círculo virtuoso de confiança crescente e acordos que atendem aos interesses principais de todos os envolvidos.

FIGURA 8.2
O Ciclo Acordo-Relacionamento

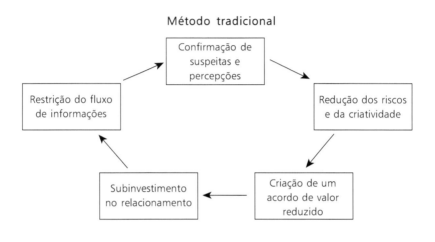

Fonte: Adaptado mediante permissão de Danny Ertel, "Turning Negotiation into a Corporate Capability", *Harvard Business Review*, maio-junho de 1999, 64.

Se os relacionamentos têm destaque entre os objetivos estratégicos da sua organização, vamos logo avisando que você pode pagar um alto preço por persegui-los. Por quê? Porque, em muitas empresas, na prática a teoria ainda é outra. Por um lado, dizem que os relacionamentos a longo prazo são importantes; por outro, os negociadores costumam ser premiados pelos valores monetários — ou outros que sejam mensuráveis — que proporcionam: o acordo mais vantajoso, o contrato de fornecimento mais barato, cláusulas contratuais mais favoráveis, e assim por diante. Voltaremos a tratar dessa questão — e de suas soluções — mais adiante neste livro.

Dicas para gerenciar o valor do relacionamento

Se você pretende manter o equilíbrio de um relacionamento, administre-o como faria com qualquer outra atividade importante para você.

- **Crie confiança.** Cria-se confiança quando as pessoas enxergam evidências tangíveis de que nossas palavras e atos estão em harmonia. Assim sendo, evite assumir compromissos que talvez não seja capaz de cumprir e sempre cumpra suas promessas. Também se cria confiança quando se reconhece e demonstra respeito pelos interesses fundamentais da outra parte.

- **Comunique-se.** As diferentes partes devem comunicar seus interesses, recursos e preocupações umas às outras. Por exemplo, se você combinou fazer uma pesquisa de opinião para o vice-presidente de *marketing* em trinta dias mas viu-se impedido por um problema qualquer, comunique-lhe esta situação.

- **Nunca varra erros para debaixo do tapete.** Os erros são inevitáveis. Reconhecê-los e enfrentá-los — rapidamente — é sempre a melhor atitude.

- **Peça *feedback*.** Se tudo parece estar correndo conforme o planejado, jamais suponha que a outra parte tem o mesmo ponto de vista. Tome a iniciativa de trazer os problemas à tona. O outro lado vai respeitá-lo por isso. Faça perguntas como estas: "Está tudo acontecendo como vocês esperavam?"; "As peças estão chegando à fábrica dentro do prazo?"; "Meu relatório tratou de todos os pontos importantes?"

Resumo

Neste capítulo, examinamos o valor do relacionamento, parte de tantos acordos hoje em dia, seja entre diferentes entidades ou entre funcionários da mesma organização.

- Organizações mais horizontais e o desejo das empresas de estabelecer vínculo duradouros com seus fornecedores são duas causas fundamentais da importância dos relacionamentos em muitas das negociações de hoje.

- O valor do relacionamento tende a amenizar comportamentos extremos de reivindicação de valor. As partes que negociam entendem que o empenho exagerado em exigir valor hoje implica risco de perder oportunidades de reivindicar valor em transações futuras.

- As partes que não percebem valor no relacionamento vão exigir valor com agressividade.

- Mesmo quando ambas as partes reconhecem o valor do relacionamento, é provável que se verifique um descompasso no modo como cada uma se sente em relação a ele — o que pode propiciar a manipulação da parte para a qual o relacionamento for mais importante.
- Os negociadores têm de separar o acordo do relacionamento como um todo.

Negociações em nome de terceiros

Que interesses predominam?

Principais tópicos abordados neste capítulo

- *Por que as pessoas contratam agentes para representá-las em negociações*

- *Os problemas das assimetrias de informação, divergência e conflitos de interesses — e como enfrentá-los*

EM DETERMINADOS CASOS, as pessoas e organizações representam seus próprios interesses. Em muitos outros, porém, fazem-se representar por terceiros — que podem ser agentes autônomos, contratados para representar uma das partes, ou agentes não independentes (isto é, empregados), encarregados de representar suas empresas. Podem ainda ser altos funcionários de uma organização, como de um sindicato, cuja responsabilidade é representar os interesses de seus membros. Este capítulo analisa o papel desses vários agentes e os possíveis problemas decorrentes de seu uso.

Agentes independentes

Um *agente* é uma pessoa encarregada de representar os interesses de outra (detentor de poder) em negociações com uma terceira parte. Muitos profissionais — advogados, contadores, corretores — firmam contratos de representação de outros. Consideremos o papel do advogado num caso de divórcio. Poderíamos descrevê-lo como um agente, já que representa um cliente em troca de um pagamento. Pense no típico advogado de um caso desses: seu envolvimento com o cliente resume-se ao fato de ter sido contratado para representá-lo de maneira muito específica — devendo redigir documentos legais, definir posições e negociar um acordo com a outra parte, além de, possivelmente, representar seu cliente no tribunal.

Em tese, o advogado do caso de divórcio deve deixar de lado seus interesses pessoais e representar apenas os do cliente. Por lei e por costume, é essa a sua responsabilidade fiduciária perante o cliente. Na prática, nenhum ser humano é capaz de agir como um agente perfeito para outro. O advogado vai se preocupar com o tempo e sua reputação, o que sem dúvida influenciará sua atuação.

Em geral, as pessoas contratam um agente independente para representá-las por um dos seguintes motivos (ou pelos dois):

- **O conhecimento do agente é superior ao seu.** Contratar os serviços de um agente costuma ser uma boa ideia quando o outro lado tem mais experiência ou conhecimento, ou é um negociador melhor que você. Por exemplo: Billy, de dezenove anos, consegue jogar uma bola de basquete na cesta de qualquer lugar da quadra, mas não sabe absolutamente nada sobre contratos ou como entrar para um grande time de basquete. Reconhecendo suas próprias deficiências a esse respeito, ele contrata um agente com suficiente conhecimento e experiência em negociações de contratos para representá-lo.

- **Criar um certo distanciamento entre você e a outra parte.** Você vai negociar com um amigo ou parceiro de negócios de grande valor? Em caso afirmativo, está disposto a ser duro? Provavelmente não — pois isso prejudicaria seu relacionamento tão importante. Se contratar um agente, você poderá interpor uma certa distância entre si mesmo e o outro lado, evitando assim algumas (embora não todas) complicações. Considere o caso de Verônica, autora de romances de grande sucesso, que está prestes a negociar um contrato para seu próximo livro, *A Duquesa sem fôlego*. Para evitar desgastar seu relacionamento profissional com seu editor, Tony, ela chama um agente literário para representá-la nas negociações do contrato. Não sendo amigo de Tony, ele não vai relutar em reivindicar o maior adiantamento possível de direitos autorais e o melhor acordo possível para sua cliente.

Agentes não independentes

Certos indivíduos atuam como representantes não independentes em negociações. Um gerente de compras negocia regularmente com seus fornecedores em nome de seu empregador. Embora seja agente deste, ele, ao contrário do advogado citado anteriormente, faz parte da organização em nome da qual negocia. O mesmo se pode dizer de um representante sindical que participa das negociações coletivas e do gerente de publicidade corporativa encarregado de escolher uma agência de propaganda e negociar as condições de pagamento e o prazo para a entrega do trabalho.

Problemas de representação

Quer o agente seja autônomo ou um membro da organização, a decisão de fazer-se representar por outro envolve algumas vicissitudes consideráveis, decorrentes de assimetrias de informação, interesses divergentes dos contratantes e conflitos de interesse entre estes e seu representante.

Assimetrias de informação

Assimetria de informação significa simplesmente que uma das partes tem mais informações do que a outra — o que pode ser um problema. Se o representado tiver mais informações que seu agente, este pode não saber a melhor maneira de representá-lo. Mas, quase sempre, o agente — seja ele autônomo ou não — é quem detém a maior parcela de informações. Parte delas é derivada do maior conhecimento do agente; outros dados decisivos são coletados com frequência na própria mesa de negociações. O maior volume de informações do agente pode acarretar um problema de confiança entre ele e o seu contratante.

Considere o seguinte exemplo:

Fred é gerente de compras da Gonzo Furniture, fabricante de mobília e baias de escritório. Ele e Jane, a gerente de produção da empresa, foram incumbidos de negociar com a As You Like It, Inc., fornecedora especializada de materiais para a indústria de móveis. As duas empresas nunca negociaram antes.

A estratégia da Gonzo para lidar com seus fornecedores tem sido a de obter o menor preço e as melhores condições, em geral jogando um fornecedor contra outro. Essa sempre foi a prática da alta gerência, mas Fred e Jane estão começando a questionar esse método de preço baixo. A As You Like It já demonstrou sua capacidade de respeitar prazos e entregar componentes básicos pré-montados, além de suprir outras exigências de material como uma fornecedora de "primeiro nível" — na verdade, proporcionando à Gonzo a oportunidade de terceirizar algumas atividades que não agregam valor nenhum.

Fred e Jane gostam do que têm ouvido, e suas ligações para os clientes da As You Like It confirmam que a empresa cumpre suas promessas. "Um acordo com a As You Like It nos ajudaria a modernizar as operações da nossa cadeia de fornecimento", diz Jane, "e nos daria uma verdadeira oportunidade de acelerar nossa produção e adotar um esquema de personalização em massa." Fred concorda, acrescentando que o acordo lhes permitiria reduzir os estoques de material e os custos a eles associados. "Vamos pagar mais para tratar com este fornecedor, mas, em compensação, ganharemos vantagens efetivas na fabricação e uma entrega mais rápida aos nossos clientes."

Neste exemplo, Fred e Jane reuniram algumas informações fundamentais em suas sessões de negociação com os representantes da As You Like It. Esses dados abriram seus olhos para oportunidades de aperfeiçoar seus métodos de fabricação e lhes deram ideias que possibilitariam trocar as negociações ganha-perde por algo capaz de criar mais valor. Os responsáveis pelas decisões da empresa, entretanto, não tiveram acesso a essas informações e suas nuances. Tudo o que sabem é que contratar esse novo fornecedor lhes custará mais caro. "Estou começando a me perguntar se Fred e Jane sabem o que estão fazendo", comenta o CEO. A assimetria de informações separou os representados de seus agentes, criando uma lacuna de desconfiança.

Como os representados e seus agentes podem evitar os problemas decorrentes de assimetrias de informações? Aqui estão algumas sugestões:

- Os contratantes devem fornecer aos seus agentes o máximo possível de informações sobre seus interesses — o que é mais importante para eles.
- Os agentes devem transmitir periodicamente aos seus contratantes os dados coletados na mesa de reuniões — que devem ser discutidos, e o agente deve perguntar: "À luz dessas novas informações, como devo proceder?"

Interesses divergentes

Muitos agentes enfrentam o desafio de atenderem a interesses internos divergentes. Nem todas as organizações — seja um sindicato, uma empresa ou uma unidade operacional — encaram da mesma maneira seus interesses fundamentais. Esse fato deixa seus representantes numa situação difícil: qual a prioridade das diferentes questões? Na prática, que concessões devemos fazer? Há interesses de mais algum envolvido em jogo num determinado acordo?

Analise o seguinte exemplo:

Como negociador do Sindicato de Tratadores de Animais de Estimação de Anoka, Minnesota, Hugh descobriu que teria de representar um conjunto muito variado de interesses. A preocupação básica do sindicato local é a segurança. "Os membros querem uma cota de malha que proteja o corpo todo quando tiverem que trabalhar com gatos", disse-lhe o presidente local durante uma reunião. "Você alguma vez já mexeu num gato temperamental de oito quilos?"

Hugh compreende a reivindicação do pessoal local, mas também precisa levar em conta os problemas mais gerais de remuneração, benefícios e condições de trabalho. Se abdicar de qualquer um desses valores para resolver a questão da segurança para esse grupo específico, vai abrir um precedente que talvez venha a criar problemas para os membros do sindicato de outras áreas, que tenham outros interesses.

Não existe uma receita fácil para lidar com uma situação como a de Hugh. Os políticos enfrentam esse mesmo problema todos os dias, e costumam tentar resolvê-lo prometendo dar tudo a todos — o que dificilmente seria possível na esfera empresarial, em que as restrições não podem ser eliminadas simplesmente pela criação de novas leis.

Como verificamos na seção anterior, a melhor solução é comunicar-se com os interessados, na tentativa de chegar a um consenso a respeito das prioridades. Nesses casos, o agente tem que agir como educador, ajudando os envolvidos a compreender as realidades externas. Às vezes, ele tem de ser também um fomentador de coalizões.

Conflitos de interesses

A terceira grande questão no relacionamento entre representado e agente é o fato de que este inevitavelmente tem também seus próprios interesses, que podem entrar em conflito com os de seu contratante. Michael Watkins e Joel Cutcher-Gershenfeld costumam usar o exemplo dos agentes esportivos e de entretenimento para mostrar como os interesses pessoais destes podem eclipsar os de seus clientes. "Esses agentes podem até provocar controvérsias ou adotar outros comportamentos destinados a atrair novos clientes — com consequências neutras ou negativas para seus atuais clientes, dos quais são os representantes oficiais."[1] Os agentes ambiciosos dessas áreas de atuação, contudo, não são os únicos representantes que podem sentir-se tentados a encaminhar as negociações de modo a se beneficiarem. Consideremos um executivo encarregado de negociar um acordo importante. Se vários executivos da empresa tiverem interesse no resultado, ele pode ficar tentado a optar por um resultado mais favorável para aquele que puder proporcionar mais benefícios à sua carreira.

Problemas desse tipo são observados constantemente, e nos escalões mais altos. Os CEOs, por exemplo, são, no fim das contas, agentes dos acionistas, contratados para maximizar a riqueza destes e obrigados por dever legal a fazê-lo — o que não impede, no entanto, que muitos CEOs se favoreçam concedendo-se pródigos benefícios indiretos ou elaborando planos nababescos de aposentadoria com seus conselhos de administração.

Em geral, as empresas (e acionistas) lançam mão de incentivos para colocar os interesses de seus agentes em sintonia com os seus. A ideia, em teoria, é simples: os agentes só vão prosperar se as organizações que representam também se saírem bem. Bonificações, participação nos lucros e opções sobre ações são as ferramentas básicas para isso. Entretanto, essa ideia simples é de difícil consecução na prática. Watkins e Cutcher-Gershenfeld notam que "é impossível para um contratante elaborar um sistema de incentivos que ponha os interesses de seu agente em perfeita consonância com os seus".[2] Mas a criação de um sistema de remuneração por desempenho fará com que funcionários/agentes empreguem toda a sua engenhosidade na elaboração de táticas que virem o jogo a seu favor.

Os incentivos podem não ser ferramentas perfeitas para controlar o comportamento dos agentes, mas são melhores que nada. Quando combinados com uma supervisão criteriosa e comunicação estreita, ajudam a garantir que os interesses dos contratantes sejam adequadamente representados nas negociações.

Resumo

- O agente é uma pessoa encarregada de representar os interesses de outra (seu contratante) em negociações com uma terceira parte.

- As pessoas contratam agentes para representá-las em negociações quando estes detêm um conhecimento maior e quando elas querem reduzir o risco de abalarem seu relacionamento com o outro lado.

- Assimetrias de informação, interesses divergentes e conflitos de interesses são três problemas importantes no relacionamento contratante/agente.

- Assimetria de informação significa que uma das partes tem mais informações que a outra. Caso o contratante disponha de mais dados que seu agente, este talvez encontre dificuldades para representar seus interesses; no caso inverso, o agente pode descobrir oportunidades de criação de valor que seu contratante talvez não seja capaz de compreender ou apreciar.

- Nem todos os membros de uma organização encaram de maneira idêntica seus interesses essenciais — o que coloca seus representantes numa situação difícil.
- Os contratantes enfrentam o problema de impedir que seus agentes coloquem seus próprios interesses acima dos interesses das pessoas que representam. Sistemas de incentivos que coloquem os interesses destes em sintonia com os do contratante podem ser úteis, principalmente quando combinados com supervisão e comunicação.

Habilidade para a negociação

Como criar competência organizacional

Principais tópicos abordados neste capítulo

- *Aprimoramento contínuo — Aprendendo com cada experiência*
- *Criação de recursos organizacionais para negociar*
- *As características dos bons negociadores*

A MAIORIA DAS EMPRESAS hoje compreende a importância de se desenvolverem competências essenciais nas áreas decisivas para suas estratégias. Para algumas, o desenvolvimento de novos produtos é uma competência essencial indispensável; para outras, é o *marketing* ou a engenharia. Muitas necessitam de competências em vários campos; elas são os mecanismos que possibilitam a execução de estratégias sofisticadas e dão sustentação aos êxitos atuais e futuros.

A negociação é uma das áreas em que as organizações mais necessitam de uma substancial competência, embora poucas pensem assim. Como assinalamos ao longo deste livro, a habilidade como negociador é imprescindível para as interações efetivas entre gerentes e subordinados, entre diferentes departamentos, entre empresas e seus fornecedores, clientes e sindicatos, e em muitas outras situações. A competência nesses muitos fóruns contribui para o sucesso da organização como um todo. Assim, as organizações — inclusive a sua, leitor — têm de pensar em maneiras de aperfeiçoar a capacidade de negociação de seu pessoal. Este capítulo explica como fazê-lo.

Aprimoramento contínuo

Nas duas últimas décadas, os gerentes adotaram o pensamento em processos, que se apoia em dois pilares. O primeiro é que a maior parte do que se faz nas organizações — do arquivamento de relatórios de despesas ao atendimento de pedidos e o desenvolvimento de novos produtos — é resultado de processos. Os *processos* são atividades que transformam certos elementos iniciais em resultados de valor total maior. O segundo pilar é que os processos podem ser aprimorados; podem tornar-se mais rápidos, mais baratos ou mais eficazes por meio de análises, reformulações e a aplicação do aprendizado. Juntas, essas duas pedras angulares constituem a base do aprimoramento contínuo, uma das mais poderosas ideias surgidas nos últimos tempos no meio empresarial.

O aprimoramento contínuo pode ser aplicado praticamente a qualquer processo, em qualquer setor. Era o aprimoramento contínuo que a Motorola tinha em vista ao adotar a Qualidade Seis Sigma como objetivo a longo prazo de seu programa de fabricação, acabando por reduzir os defeitos de fabricação a apenas uns poucos em cada milhão. A maior qualidade dos produtos acrescentou alguns bilhões de dólares ao lucro da empresa ao longo dos anos.

O conceito de aprimoramento contínuo difundiu-se para outros setores da economia e para outras atividades. Os bancos têm usado essa técnica para reduzir, de vários dias para algumas horas, o tempo necessário para aprovar ou rejeitar pedidos de empréstimo — sem perda de qualidade das decisões assim tomadas. As companhias de seguros fizeram o mesmo com o processamento de avisos de sinistro. O aprimoramento contínuo aplica-se também à maneira como indústrias e organizações lidam com suas negociações.

Quando aplicada a negociações, a disciplina do aprimoramento contínuo pode desenvolver a eficácia dos recursos internos de uma organização e, com o passar do tempo, aumentar sua lucratividade. Assim sendo, por que não aplicar o aprimoramento contínuo ao processo de negociação? Imagine como sua organização melhoraria se suas negociações com fornecedores, clientes, parceiros em alianças e funcionários fossem 10% mais eficientes do que são hoje. Os gastos com materiais seriam menores. Os relacionamentos com clientes e parceiros seriam mais sólidos e rentáveis. A colaboração entre empregados e departamentos se intensificaria, gerando benefícios substanciais para a organização como um todo. Esses aprimoramentos certamente acabariam se refletindo no aumento do lucro.

O primeiro passo rumo ao aprimoramento contínuo da capacidade de negociação é tratá-la como um processo com um conjunto relativamente universal de etapas, como as mostradas na Figura 10.1. Quer a negociação envolva dois indivíduos ou vários participantes, e independentemente do fato de ter como objetivo um acordo num processo por perdas e danos ou numa disputa trabalhista, estas etapas em geral são válidas. Cada uma representa uma oportunidade de aprimoramento, e todas devem ser analisadas com esse objetivo em mente.

FIGURA 10.1
O Processo de negociação: obtenção e reaproveitamento da aprendizagem

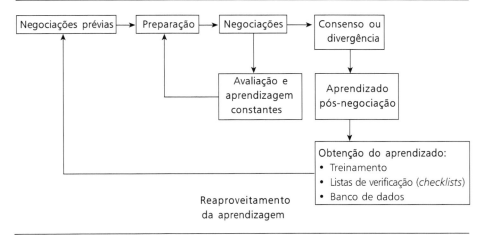

A segunda etapa consiste em organizar-se para aprender com o processo à medida que este ocorre, e na conclusão da negociação em si. Por exemplo, os participantes devem fazer uma avaliação contínua dos avanços durante as negociações e rever suas táticas quando necessário. Devem também aproveitar o conhecimento adquirido em uma fase da negociação para se prepararem para a fase seguinte. O ciclo de *feedback*, batizado de "avaliação e aprendizagem constantes" na figura, representa essa atividade. E, naturalmente, os participantes devem fazer uma análise após o fim de cada negociação para verificar o que deu certo, o que não funcionou e como suas experiências podem ser usadas para melhorar os resultados de negociações futuras.

Por fim, a aprendizagem *a posteriori* deve assumir formas que facilitem sua disseminação e seu reaproveitamento por futuros negociadores: cursos de treinamento, listas de verificação e bancos de dados. A aquisição e o reaproveitamento do aprendizado são mostrados na Figura 10.1 por meio de uma seta de *feedback*.

Ao organizar-se para aperfeiçoar seus processos e recursos de negociação, reconheça a necessidade de superar quatro obstáculos importantes:

- Os frutos de uma negociação podem passar despercebidos. Por exemplo, o indivíduo que negocia um preço baixíssimo com um de seus principais fornecedores talvez não perceba que pôs a perder um importante relacionamento.

- Em certos casos, as verdadeiras consequências de uma negociação só podem ser medidas muitos anos depois.

- Ao aprendermos com a experiência da negociação, nem sempre podemos dizer que um determinado ato produziu determinados resultados. A presença de muitas variáveis não controláveis torna esta certeza impossível.

- Talvez os indivíduos não tenham incentivos suficientes para compartilhar seu *know-how* sobre negociação com os outros.

Mesmo assim, a experiência, e a aprendizagem que promove, pode ajudar cada negociador a melhorar seu desempenho ao longo do tempo — e as lições extraídas desse aprendizado podem educar outros indivíduos.

A negociação como um recurso organizacional

Infelizmente, são poucas as empresas que aplicam o aprimoramento contínuo às suas negociações. Tampouco refletem de maneira sistemática sobre suas atividades de negociação como um todo ou sobre a negociação como um dos principais recursos organizacionais. Pelo contrário, adotam uma perspectiva situacional, percebendo cada negociação como um acontecimento isolado, com suas próprias metas, táticas, participantes e parâmetros de sucesso. Em consequência, são incapazes de acumular conhecimentos para uso futuro. Por tratarem a negociação como uma atividade localizada e não como um recurso da organização, não conseguem melhorar — e quase sempre acabam pagando um alto preço na mesa de negociações.

Uma organização poderá melhorar sua habilidade geral de negociação e convertê-la num recurso importante se atentar para as seguintes diretrizes:

- Proporcionar treinamento e recursos preparatórios para os negociadores.

- Esclarecer as metas e expectativas da organização em relação a qualquer acordo — e definir quando os negociadores devem desistir.

- Insistir para que todas as equipes de negociação desenvolvam uma alternativa melhor à negociação de um acordo (MAANA), trabalhando para aperfeiçoá-la.

- Desenvolver mecanismos para absorver e reaproveitar as lições extraídas de negociações anteriores.

- Desenvolver medidas de desempenho na negociação e vinculá-las a recompensas.

Analisemos agora cada uma dessas medidas mais detalhadamente.

Proporcione treinamento e recursos

Em seu artigo "*Turning negotiation into a corporate capability*" ("Como transformar a negociação num recurso corporativo"), Danny Ertel descreve como um banco mexicano, Serfin, deparou-se com a tarefa de renegociar uma série de empréstimos em decorrência da crise cambial do país em 1994. "Em seu desespero para melhorar o processo de negociação, o banco resolveu adotar uma nova linha de ação. Lançou-se em busca de oportunidades para padronizar e codificar seus processos de negociação, impor alguns controles gerenciais e modificar a cultura dos negociadores, que tinha seu foco em concessões. Em suma, dedicou-se a montar uma infraestrutura corporativa para as negociações."[1]

O Serfin começou com um programa de treinamento que colocava seus negociadores em situações da vida real, abordando em seguida os recursos técnicos de que seus negociadores "turbinados" precisariam em campo — e que ajudariam ainda na preparação anterior à negociação. Por fim, o banco pôs seus negociadores em contato com seus analistas — encarregados, em cada caso específico, de definir os interesses do banco e dos tomadores, de estabelecer a MAANA da instituição e de desenvolver uma série de opções criativas para a resolução.

As empresas que pretendem aumentar sua capacidade de negociação, como fez este banco, podem, do mesmo modo, distribuir listas de verificação preparatórias e garantir acesso às lições aprendidas com as experiências anteriores. Também podem ajudar os novatos a ganhar experiência colocando-os como aprendizes; estes, ao lado dos negociadores mais experientes, podem participar de negociações concretas e ter uma percepção de como as coisas acontecem. Essa "percepção" faz parte da arte da negociação. Os bons negociadores são pessoas que aprenderam a reconhecer perigos e oportunidades em meio a um amálgama de elementos sem importância — um reconhecimento de padrões que só é desenvolvido por meio da experiência. A experiência como aprendizes constitui uma oportunidade para que os novatos desenvolvam a capacidade de reconhecer padrões, ao mesmo tempo livrando-os do risco de cometerem erros. O mesmo resultado pode ser obtido por meio do estudo de casos e de simulações.

Esclareça metas e expectativas

Quando começam a negociar com uma parte de fora, os negociadores não deveriam precisar adivinhar quais são os objetivos e expectativas organizacionais. Deveriam ter orientações claras da alta gerência. Por exemplo, se a intenção da gerência é aumentar as margens de lucro mas esse objetivo não é comunicado de maneira eficaz, a força de vendas em campo talvez negocie acordos com os clientes por preços reduzidos, a fim de conquistar as novas contas — exatamente o oposto do que deseja a gerência. A solução é que a gerência seja explícita quanto às suas expectativas e informe aos seus negociadores quando espera que eles desistam de um acordo. Os objetivos da negociação devem estar em sintonia com as metas da empresa e ser apoiados pelos incentivos certos.

Insista em que todas as equipes de negociação saibam qual é a sua MAANA

O conceito de melhor alternativa a um acordo negociado vem sendo discutido ao longo deste livro. Uma MAANA forte em relação ao outro lado confere poder de barganha aos negociadores — e estes, com base no conhecimento de sua própria MAANA, saberão quando desistir. As empresas devem insistir em que seus representantes compreendam claramente sua própria MAANA e estudem maneiras de reforçar sua melhor alternativa.

Absorva e reaproveite as lições aprendidas

A ideia de absorver a experiência e reaproveitá-la em situações análogas futuras é um aspecto essencial do hoje popular campo da gestão do conhecimento. Firmas de consultoria, escritórios de contabilidade tributária e outras empresas que se baseiam no conhecimento foram, por questões absolutamente práticas, as pioneiras da gestão de conhecimento. Aprender como solucionar um problema complicado ou aplicar uma cláusula ambígua do código tributário é quase sempre um processo demorado, dispendioso e sujeito a erros. A absorção e o reaproveitamento do conhecimento evitam que essas empresas precisem reinventar a roda. Por exemplo, um tributarista baseado na cidade de Nova York não tem certeza do modo como deve tratar uma transação financeira feita por um produtor cinematográfico; uma pesquisa no banco de dados do escritório mostra como colegas da filial de Los Angeles lidaram com o mesmo tipo de transação. O arquivo inclui ainda uma carta do *Internal Revenue Service* (a Secretaria da Receita norte-americana). Neste exemplo, a absorção e o reaproveitamento do conhecimento contribuíram tanto para a produtividade como para a qualidade dos serviços.

Pode-se conseguir benefício semelhante quando as empresas registram de maneira sistemática os resultados de suas negociações. Danny Ertel conta que uma grande prestadora de serviços profissionais está desenvolvendo um banco de dados centralizado para ajudar seus gerentes de projeto a negociarem com seus clientes acordos com relação ao âmbito e à remuneração dos serviços. "Sempre que um gerente negocia com um cliente", ele explica, "ele deve responder a um curto questionário que capta as abordagens adotadas, os resultados obtidos e as lições aprendidas."[2] Os relatórios são armazenados num banco de dados e disponibilizados para outros gerentes de projeto que se preparam para negociações com os clientes.

Desenvolva medidas de desempenho e vincule-as a recompensas

Você já deve ter ouvido alguém dizer que "as empresas recebem aquilo que medem e recompensam". Portanto, quando elas baseiam suas bonificações de vendas na receita e não no lucro operacional proveniente das vendas, a força de vendas terá motivos de sobra para lançar mão de serviços dispendiosos e outros incentivos para atrair novos clientes — muitos dos quais não proporcionam lucro. O mesmo se aplica aos negociadores. Quando são premiados pelas empresas por conseguirem arrancar o preço mais baixo possível dos fornecedores, obtêm ganhos a curto prazo — mas em detrimento dos valores do relacionamento. Seus negociadores ignoram oportunidades ganha-ganha em favor do jogo de soma zero — e os fornecedores têm bons motivos para abandoná-los assim que encontrarem parceiros melhores. Basta modificar o sistema de mensuração e recompensas para que os resultados sejam bem diferentes.

Portanto, a gerência deve promover o alinhamento entre seus objetivos e seus critérios de mensuração e recompensa dos negociadores. Danny Ertel apresenta aos leitores da *Harvard Business Review* o exemplo de um conjunto de medidas utilizadas por uma prestadora de serviços de engenharia e arquitetura (Tabela 10.1), que estava menos interessada na mera obtenção de mais negócios a preços mais altos do que num leque mais amplo de valores financeiros e de relacionamento. A gerência valia-se dessas medidas para avaliar os resultados dos acordos e o desempenho de seus negociadores, e seus empregados utilizavam as mesmas medidas para se prepararem para negociações iminentes.

TABELA 10.1

Um amplo conjunto de medidas para avaliar o êxito das negociações

Relacionamento	A negociação ajudou a construir o tipo de relacionamento capaz de permitir que nós e nossos clientes trabalhemos juntos de modo eficaz durante o ciclo de vida do projeto?
Comunicação	Essas negociações ajudam a criar um ambiente em que ambas as partes possam entabular conversações construtivas, capazes de solucionar os eventuais problemas?
Interesses	O acordo atende satisfatoriamente aos nossos interesses, satisfazendo ao mesmo tempo aos dos nossos clientes numa medida aceitável, e os de terceiras partes relevantes num nível pelo menos tolerável?
Opções	Buscamos soluções inovadoras e eficientes, com o potencial de ganhos conjuntos?
Legitimidade	Empregamos critérios objetivos na avaliação e seleção de uma alternativa que possa ser justificada por ambos os lados?
MAANA	Avaliamos a solução proposta comparando-a com nossa melhor alternativa à negociação de um acordo? Estamos seguros de que o acordo atende melhor aos nossos interesses do que nossa melhor alternativa?
Compromissos	Geramos compromissos bem planejados, realistas e viáveis, que ambos os lados compreendam e estejam prontos a implementar?

Fonte: Adaptado de Danny Ertel, "Turning negotiation into a corporate capability", *Harvard Business Review*, maio-junho de 1999, 55.

Em vista dessa discussão, considere os critérios que sua organização utiliza para fazer uma autoavaliação e preparar-se para as negociações.

- Você é capaz de identificar os critérios da sua empresa?

- Eles são suficientemente abrangentes?

- São usados para harmonizar o comportamento dos negociadores com os objetivos da organização?

- São usados como base da distribuição de recompensas?

Se você tiver respondido "não" a alguma dessas perguntas, trate de repensar os parâmetros que está utilizando.

O que faz um bom negociador?

Toda a nossa discussão até agora neste capítulo abordou os problemas do aprimoramento da competência na negociação em âmbito organizacional. O que ainda não mencionamos foi o conjunto de características dos bons negociadores — e ambos caminham lado a lado. A competência organizacional é, na verdade, a soma da competência dos membros individuais da organização — inclusive você.

Ao encerrarmos este capítulo — e o livro — parece-nos adequado perguntar: "O que caracteriza um bom negociador?" A resposta vai definir os objetivos que a gerência deve adotar ao desenvolver os recursos organizacionais, além de indicar quais devem ser as suas metas ao desenvolver seu próprio conjunto de habilidades.

As características pessoais que fazem um bom negociador são derivadas dos temas abordados nos capítulos anteriores. Assim, o bom negociador:

- **Harmoniza os objetivos da negociação com as metas da organização.** O bom negociador atua dentro de um referencial que dá sustentação aos objetivos estratégicos da organização — o que só será possível quando essas metas estiverem claras. A alta gerência tem a obrigação de comunicar suas metas a todos, dos executivos aos mensageiros, incluindo os que negociam em seu nome. Essa comunicação é a melhor garantia de sintonia entre os objetivos e os comportamentos dos funcionários — e os resultados das negociações.

- **Prepara-se bem e aproveita cada fase da negociação para preparar-se melhor.** Nas organizações eficientes, as pessoas chegam às reuniões munidas de fatos e propostas, sem subterfúgios. Quem negocia, seja em seu próprio nome, no de seu departamento ou no da organização, deve estar igualmente preparado.

- **Aproveita as sessões de negociação para aprender mais sobre as questões em jogo e a MAANA e o preço de reserva de seus interlocutores.** Os negociadores, como jogadores de pôquer, quase sempre têm de atuar em meio a uma névoa de incerteza. A sorte em geral sorri para as partes que, por meio de preparação e diálogo, reúnem as informações que lhes permitem penetrar nessa névoa. Sua MAANA e seu preço de reserva costumam estar claros, e os do outro lado podem com frequência ser averiguados por meio de um diálogo eficaz e um bom trabalho de investigação longe da mesa de negociações.

- **Tem suficiente destreza mental para identificar os interesses dos dois lados, e a criatividade necessária para pensar em possibilidades de criação de valor que gerem situações ganha-ganha.** Um negociador realmente bom, diante do que outros consideram um jogo de soma zero, é capaz de mudar esse jogo, ajudando seus interlocutores a enxergarem o valor do compartilhamento de informações e da ampliação do universo de oportunidades de valor.

- **Sabe separar as questões pessoais daquelas referentes à negociação.** O bom negociador sabe que a negociação nada tem a ver com ele mesmo, nem com os indivíduos sentados do outro lado da mesa. Ele age com um distanciamento objetivo e concentra-se na produção do melhor resultado possível.

- **Sabe reconhecer possíveis obstáculos a um acordo.** Os obstáculos nem sempre são óbvios. Um negociador habilidoso é capaz de deslindá-los e encontrar maneiras de neutralizá-los.

- **Sabe como costurar coalizões.** Nem todo negociador tem sorte. O outro lado com frequência tem mais poder na mesa. Um bom negociador, entretanto, sabe que uma coalizão de vários jogadores fracos quase sempre pode enfrentá-lo. Mais importante, sabe como alinhavar uma coalizão desse tipo com base em interesses comuns.

- **Cria a reputação de ser honesto e digno de confiança.** As melhores negociações são baseadas na confiança. A confiança gerada durante uma fase da negociação paga seus dividendos na seguinte. Os bons negociadores adotam comportamentos éticos. "O que dizem se escreve."

Com treinamento e experiência, você pode desenvolver essas características e tornar-se um bom negociador.

Resumo

Uma coisa é desenvolver as habilidades de negociação de um indivíduo; outra muito diferente — mas com grandes recompensas potenciais — é desenvolver as habilidades de negociação de uma organização em muitos níveis. Neste capítulo, examinamos esse desafio de várias perspectivas.

- A disciplina do aprimoramento contínuo pode desenvolver a qualidade dos recursos internos de uma organização e, com o passar do tempo, aumentar seu lucro. Pode ser aplicada também ao processo de negociação.

- O primeiro passo em direção ao aprimoramento contínuo nas negociações consiste em encará-las como processos que têm uma série de etapas relativamente universais: pré-negociações, preparação, negociações, acordo ou desistência, aprendizagem *a posteriori* e absorção do aprendizado. A absorção do aprendizado tende a realimentar a experiência seguinte de negociação. O segundo passo é organizar-se para aprender com o processo à medida que ocorre, e também no fechamento da negociação em si.

- Uma organização poderá melhorar sua habilidade na negociação de modo geral e convertê-la num recurso importante se fizer o seguinte: proporcionar treinamento e preparação para os negociadores; esclarecer as metas e expectativas da organização relativas a todos os acordos, e também definir quando os negociadores devem desistir; insistir para que toda equipe de negociação desenvolva uma MAANA e se empenhe em melhorá-la; desenvolver mecanismos para absorver e reaproveitar as lições extraídas de negociações anteriores; desenvolver mecanismos para absorver e reutilizar lições aprendidas em negociações anteriores; e criar medidas de desempenho na negociação, vinculando-as a recompensas.

Uma vez que a competência organizacional é a soma das competências dos membros individuais da organização, encerramos o capítulo relacionando as características dos bons negociadores — que definem os objetivos que devem ser almejados pela gerência ao desenvolver recursos no âmbito de toda a organização. O bom negociador:

- Alinha os objetivos da negociação com as metas da organização
- Prepara-se bem e aproveita cada fase da negociação para preparar-se melhor
- Aproveita as sessões de negociação para aprender mais sobre as questões em jogo e a MAANA e o preço de reserva de seus interlocutores
- Possui suficiente destreza mental para identificar os interesses dos dois lados e a criatividade necessária para pensar em possibilidades de criação de valor que gerem situações ganha-ganha
- Sabe separar as questões pessoais daquelas referentes à negociação
- Sabe reconhecer possíveis obstáculos a um acordo
- Sabe formar coalizões
- Cria a reputação de ser honesto e digno de confiança

APÊNDICE

Ferramentas úteis de implementação

Este Apêndice contém uma série de planilhas que podem ajudá-lo a preparar-se para negociações e realizá-las. Estas e outras ferramentas podem ser encontradas *on-line*, no *site* da Harvard Business Essentials: www.elearning.hbsp.org/businesstools.

1. **Como preparar-se para uma negociação.** Use esta planilha para monitorar os resultados de cada etapa dos preparativos para a negociação. (Marque "sim" depois de executar cada item de uma categoria.)

2. **Como identificar sua MAANA.** Preencha esta planilha para identificar sua MAANA (melhor alternativa possível à negociação de um acordo) e descubra maneiras de aperfeiçoá-la.

3. **Como definir seu preço de reserva.** É o seu preço "base". Use esta planilha para analisar as variáveis capazes de determinar seu preço de reserva.

4. **Como avaliar a posição e os interesses da outra parte.** Quanto você sabe sobre seus interlocutores? Qual é a MAANA deles? Qual o menor ponto favorável em que eles aceitariam um acordo (seu preço de reserva)? Seus interesses subjacentes? Use esta planilha para resumir seus conhecimentos sobre o outro lado. Examine suas descobertas com relação a pontos-chave da negociação.

5. **Autoridade — a deles e a sua.** Use esta planilha para determinar e confirmar o seu próprio nível de autoridade, bem como o da(s) pessoa(s) com quem vai negociar, a fim de fazer seus planos de acordo.

QUADRO A.1
Como se preparar para uma negociação

Você já... parou para pensar no que seria um bom resultado? O que espera alcançar por meio da negociação?		Sim
Qual seria o melhor resultado?		
Que resultados não seriam toleráveis?		
Por que esses resultados não seriam toleráveis?		
... Parou para avaliar suas necessidades e interesses?		Sim
O que você precisa ter	O que você gostaria de ter	
1.	1.	
2.	2.	
3.	3.	
... Parou para identificar e melhorar a sua MAANA (se possível)?		Sim
Qual é a sua melhor alternativa a um acordo negociado? (*Veja a planilha "Como identificar sua MAANA".*)		
Quais são os meios ao seu alcance para melhorar sua MAANA?		
... Parou para definir seu preço de reserva? (*Veja a planilha "Como definir seu preço de reserva".*)		Sim
Qual é?		
... Parou para avaliar as possíveis concessões de temas e interesses?		Sim
Temas mais importantes para você?	Condições mais importantes para você?	
1.	1.	
2.	2.	
3.	3.	
... Parou para avaliar o pessoal, a MAANA e a posição da outra parte? (*Veja a planilha "Como avaliar a posição e os interesses do outro lado".*) O pessoal do outro lado:		Sim

QUADRO A.1
Como se preparar para uma negociação (*continuação*)

A situação da empresa:	
O que, especificamente, desejam deste acordo:	
O valor deste acordo para eles:	
Disponibilidade de um acordo substituto:	
... Parou para prever a questão da autoridade? Faça uma síntese... *(Veja a planilha "Autoridade — a deles e a sua".)* Sua compreensão do nível de autoridade do(s) representante(s) do outro lado na mesa de negociações:	Sim
Tipo de acordo que você está autorizado a fazer:	
... Parou para reunir os parâmetros e critérios externos importantes para a negociação? *(Neste acordo, que parâmetros e critérios são considerados "justos e razoáveis"?)* Parâmetros externos:	Sim
Critérios importantes:	
... Parou para se preparar para a flexibilidade? *(Há algum vínculo entre as diferentes variáveis? Se "sim", quais são?)*	Sim

Fonte: HMM Negotiating.

QUADRO A.2
Como identificar sua MAANA

1. Quais são as suas alternativas a um acordo negociado? Identifique sua melhor opção. Faça uma lista das suas alternativas caso a negociação termine sem um consenso.
1.
2.
3.
4.
Analise essa lista. Qual dessas opções seria a melhor?
2. Como você poderia incrementar sua MAANA? Considere...
Há algum acordo melhor que você possa fazer com outros fornecedores/parceiros/clientes?
Haverá alguma maneira de remover ou alterar alguma restrição que prejudique sua MAANA? Qual? Como?
Haverá alguma maneira de modificar as condições que você levará para a mesa de negociações e assim incrementar sua MAANA? Qual? Como?
3. Escreva qual será a sua "nova" MAANA, caso você consiga aprimorá-la.

Fonte: HMM Negotiating.

QUADRO A.3
Como definir seu preço de reserva

1. Examine as variáveis que afetam seu valor de reserva, ou "base".
Qual é o valor, para você, do acordo em pauta?
Qual a diferença entre ele e sua MAANA?
Que outros valores ou pessoas envolvidas têm de ser considerados?
Se houver algum valor financeiro envolvido na negociação, qual é a menor quantia que você pode considerar?
Quais são as condições não financeiras mínimas que você pode considerar?
2. Avalie as possíveis concessões de temas e interesses.
Em que tema(s) ou condição(ões) você tem mais interesse?
Existe alguma interligação entre esses temas ou condições? (*Ou seja, obter mais ou menos do que você deseja com relação a determinado aspecto lhe dará mais ou menos flexibilidade em algum outro?*)
Quanto do que você deseja com relação a determinado tema ou condição você poderia ceder em troca de outro ponto?
Existem diferentes combinações de condições que sejam equivalentes em valor para você?
3. Explicite os parâmetros do seu preço de reserva. (*As condições ou preço resultantes criam o contexto para você avaliar as diferentes propostas.*)

Fonte: HMM Negotiating.

QUADRO A.4
Como avaliar a posição e os interesses da outra parte

Para descobrir o máximo possível sobre os interesses e preocupações da outra parte, você já...	Sim	Não
1. Entrou em contato com fontes do setor?		
2. Verificou publicações de negócios pertinentes?		
3. Examinou seus relatórios anuais (e arquivos públicos)?		
4. Fez perguntas informais acerca do negociador ou outros dentro da empresa?		
5. Imaginou quais seriam os seus interesses, suas preferências e necessidades se estivesse em seu lugar?		
Avalie a MAANA da outra parte. O que você sabe...		
Sobre a situação empresarial de seus interlocutores? Qual a força do seu desempenho financeiro?		
Qual é a estratégia deles?		
Quais são suas principais iniciativas corporativas?		
Que pressões competitivas enfrentam?		
Sobre o valor desta transação para eles? Qual a importância deste acordo para o outro lado neste momento?		
É necessário para eles atingir um objetivo mais amplo? *(Descreva-o.)*		
Sobre a existência de um acordo substituto? O que você está oferecendo pode ser encontrado facilmente em outro lugar?		
Pode ser obtido a tempo de cumprir seus prazos?		
Eles já receberam propostas ou iniciaram negociações informais com mais alguém?		
Considere as condições que o outro lado gostaria de incluir no acordo.		
Que objetivos empresariais mais amplos seus interlocutores gostariam de atingir por intermédio deste acordo?		
Que condições deste acordo poderiam dificultar seu crescimento?		
Que condições você poderia oferecer para beneficiar seus interlocutores (a um baixo custo para você)?		

Fonte: HMM Negotiating.

QUADRO A.5
Autoridade — a deles e a sua

A autoridade deles: *(Descubra o máximo possível sobre as pessoas do outro lado.)*
1. Quem vai se sentar à mesa de negociações?
2. Quais são os cargos formais e as áreas de responsabilidade da(s) pessoa(s) com quem você vai negociar?
3. Quantos anos têm/há quanto tempo trabalham na empresa/que outras experiências importantes eles têm?
4. Como é a estrutura da empresa? *(É hierárquica, com poderes decisórios significativos concentrados no topo, ou é relativamente descentralizada?)*
5. Como os negociadores são vistos dentro da organização? *(Gozam do respeito geral e costumam ser ouvidos, ou não? Recorra a contatos fora da organização, se houver.)*
6. Quais são seus interesses fora do trabalho? *(i.é, esportes, hobbies, trabalhos voluntários, orientação política, filhos?)*
A sua autoridade: *(Confirme com o máximo possível de detalhes.)* Que tipo de acordo você está autorizado a fazer? *(Responda como for apropriado.)*
Somente um acordo predeterminado, previamente aprovado por uma comissão? *(Em caso afirmativo, descreva. Se você também puder negociar algo "melhor", além do acordo predeterminado, o que a comissão considera "melhor"?)*
Somente um acordo que cumpra determinados objetivos? *(Quais são eles? Você tem liberdade para estruturar o acordo da melhor maneira possível?)*
Será que a comissão preferiria que você voltasse com uma proposta para exame e aprovação formais?
Sua autoridade é limitada em questões monetárias, mas não em outras opções criativas que não tenham implicações financeiras significativas?
Você está autorizado a fornecer informações sobre as necessidades, os interesses e as preferências da sua empresa se a outra parte se mostrar receptiva a um intercâmbio de boa-fé?

Fonte: HMM Negotiating.

Notas

Capítulo 1

1. "Win-Win with Mark Gordon", *Harvard Management Communication Letter*, março de 1999, 1-3.
2. Jim Camp, *Start with no* (Nova York: Crown, 2002), 4-6.
3. "Win-Win with Mark Gordon", *Harvard Management Communication Letter*, março de 1999, 1-3.
4. Esta seção é uma adaptação do módulo sobre Negociação ("Negotiating") do Harvard ManageMentor, serviço *on-line* da Harvard Business School Publishing.

Capítulo 2

1. David A. Lax e James K. Sebenius, *The manager as negotiator* (Nova York: Free Press, 1986), 57-58.
2. Danny Ertel, "Turning negotiation into a corporate capability", *Harvard Business Review*, maio-junho de 1999, 55.

Capítulo 3

1. As nove etapas foram adaptadas do módulo sobre Negociação ("Negotiating") do Harvard ManageMentor, serviço *on-line* da Harvard Business School Publishing.
2. Jim Camp, *Start with no* (Nova York: Crown, 2002), 22.
3. Deborah M. Kolb e Judith Williams, "Breakthrough bargaining", *Harvard Business Review;* fevereiro de 2001, 93.

Capítulo 4

1. Adaptado do módulo sobre Negociação ("Negotiating") do Harvard ManageMentor, serviço *on-line* da Harvard Business School Publishing.
2. Deborah M. Kolb e Judith Williams, "Breakthrough bargaining", *Harvard Business Review,* fevereiro de 2001, 90.
3. Max H. Bazerman e Margaret A. Neale, *Negotiating rationally* (Nova York: Free Press, 1992), 23.
4. *Idem, ibidem*, p. 31.
5. Marjorie Corman Aaron, "The right frame: managing meaning and making proposals", *Harvard Management Communication Letter,* setembro de 1999, 1-4.
6. Michael Watkins, "Rethinking 'preparation' in negotiations", Class Note *9-801-286* (Boston: Harvard Business School Publishing, rev. 9 de outubro de 2001), 11.

Capítulo 5

1. Adaptado do módulo sobre Negociação ("Negotiating") do Harvard ManageMentor, serviço *on-line* da Harvard Business School Publishing.

Capítulo 6

1. David McCollough, *John Adams* (Nova York: Simon & Schuster, 2001), 366.
2. Diane Coutu, "Negotiating without a net", *Harvard Business Review,* outubro de 2002, 50.
3. Michael D. Watkins, "Diagnosing and overcoming barriers to agreement", Class Note *9-800-333* (Boston: Harvard Business School Publishing, rev. 8 de maio de *2000),15.*
4. Gary Hamel e Yves Doz, *Alliance advantage* (Boston: Harvard Business School Press, 1998), 14.

Capítulo 7

1. Max H. Bazerman e Margaret A. Neale, *Negotiating rationally* (Nova York: Free Press, 1992), 10.

2. David Bunnell com Richard Luecke, *The eBay phenomenon* (Nova York: John Wiley & Sons, *2000)*, 48.
3. Irving Janus, *Groupthink: psychological studies of policy decisions and fiascos* (Boston: Houghton Mifflin, 1982), 9.
4. Bazerman e Neale, *Negotiating rationally*, 116.

Capítulo 8

1. John Kotter, *Power and influence* (Nova York: Free Press, 1985), 40.
2. Danny Ertel, "Turning negotiation into a corporate capability", *Harvard Business Review*, maio-junho de 1999, 55.
3. *Idem, ibidem*, p. 62.
4. *Idem, ibidem*, p. 64.

Capítulo 9

1. Michael Watkins e Joel Cutcher-Gershenfeld, "Representing others in negotiations", trabalho apresentado perante a Academy of Management, agosto de 1997, e republicado em *Negotiating on behalf of others: advice to lawyers, business executives, sports agents, diplomats, politicians, and everybody else*, eds. Robert H. Mnookin, Lawrence E. Susskind e Pacey C. Foster (Nova York: Sage, 1999).
2. *Idem.*

Capítulo 10

1. Danny Ertel, "Turning negotiation into a corporate capability", *Harvard Business Review*, maio-junho de 1999, 55.
2. *Idem, ibidem*, p. 57.

Glossário

ACORDO INSEGURO — Acordo restrito, mais limitado do que poderia ser em consequência da falta de confiança entre as partes que negociam.

AGENTE — Pessoa encarregada de representar os interesses de outra em negociações com uma terceira parte.

ANCORAGEM — Tentativa de estabelecer uma posição inicial em torno da qual serão feitas as negociações.

ASSIMETRIA DAS INFORMAÇÕES — Situação em que uma parte tem mais informações que a outra.

BASE — Ver *preço de reserva*.

BLEFE — Tática em que uma das partes de uma negociação dá sinais de estar disposta a fazer ou aceitar algo que na realidade não tem intenção de realizar. Por exemplo, um inquilino pode blefar, dizendo que não vai renovar o contrato de locação se não forem feitas determinadas melhorias em seu escritório.

COALIZÃO EM TORNO DE UMA ÚNICA QUESTÃO — Grupo cujos membros podem divergir com relação a outras questões, mas unem-se (embora quase sempre por motivos diferentes) para apoiar ou bloquear uma questão específica.

COALIZÃO NATURAL — Grupo de aliados que compartilham uma vasta gama de interesses comuns.

DILEMA DO NEGOCIADOR — Tensão causada pela tentativa do negociador de equilibrar estratégias competitivas — procurando perceber quando entrar em disputa em caso de choque de interesses e quando criar valor por meio de um intercâmbio de informações que resulte em opções vantajosas para ambas as partes.

ESPAÇO DE MANOBRA — Flexibilidade que pode existir numa determinada proposta, relacionada a dinheiro ou prazo. Se você não dispuser de nenhum espaço de manobra, deve deixar muito claro que esta é a sua melhor oferta.

ESTRATÉGIA — Sequência planejada do modo como se pretende abordar uma negociação, inclusive o que o negociador vai oferecer e exigir (dar e receber).

EXAGERO IRRACIONAL — Segundo Max Bazerman e Margaret Neale, é a insistência em um curso de ação escolhido previamente além do que uma análise racional recomendaria.

GANHA-GANHA — Ver *negociação integrativa*.

GANHA-PERDE — Ver *negociação distributiva*.

INTERESSES — Objetivos que estão por trás da posição de cada uma das partes numa negociação.

MAANA — Acrônimo de "melhor alternativa à negociação de um acordo". Saber qual é a sua MAANA significa conhecer as suas opções de ação ou o que vai acontecer caso não se chegue a um acordo na negociação.

MALDIÇÃO DO VENCEDOR — Convicção desagradável, depois de se ter chegado a um acordo, de que teria sido possível negociar um acordo mais favorável.

NEGOCIAÇÃO DE SOMA ZERO — Ver *negociação distributiva*.

NEGOCIAÇÃO DISTRIBUTIVA — Tipo de negociação em que as partes competem pela distribuição de uma quantidade fixa de valor. Aqui, qualquer ganho de uma das partes representa uma perda para a outra. Popularmente conhecida como *negociação de soma zero* ou *negociação ganha-perde*.

NEGOCIAÇÃO INTEGRATIVA — Tipo de negociação em que as partes cooperam para conseguir o máximo benefício mútuo num acordo. As parcerias e colaborações a longo prazo entre colegas quase sempre caracterizam-se por negociações integrativas. Mais conhecida como *negociação ganha-ganha*.

NEGOCIAÇÕES ENVOLVENDO VÁRIAS PARTES — Negociações que envolvam mais de duas partes. Essas negociações podem apresentar diferenças significativas em relação às de duas partes, sobretudo quando se formam coalizões — alianças entre partes que têm menos poder separadas do que juntas.

NEGOCIADORES INTRANSIGENTES — Pessoas que encaram qualquer negociação como uma batalha.

PENSAMENTO GRUPAL — Modo de pensar que envolve os membros de um grupo coeso. O pensamento grupal é guiado pelo consenso e tende a superar a motivação para avaliar com realismo alternativas de ação, tornando-se um problema.

PERCEPÇÃO TENDENCIOSA — Fenômeno psicológico que leva as pessoas a perceberem a verdade com uma tendência a seu próprio favor ou inclinando-se para seu próprio ponto de vista. Por exemplo, os dois times de uma partida de futebol podem achar que foram prejudicados pela arbitragem.

POSIÇÕES — O que as partes de uma negociação pedem — em outras palavras, suas exigências.

PREÇO DE RESERVA — Ponto mínimo favorável em que uma parte aceita negociar um acordo. O preço de reserva é derivado da MAANA, mas nem sempre os dois coincidem. Também conhecido como *preço de base*.

PROCESSOS — Atividades que transformam os insumos de entrada em resultados de valor total mais elevado.

PROPOSTA FINITA — Proposta com prazo de validade.

RESPEITO TRANSPARENTE — Capacidade de monitorar de fora o respeito aos termos de um acordo.

TÁTICA — Métodos específicos para a implementação de uma estratégia.

TRANSAÇÕES REALIZADAS EM VÁRIAS FASES — Negociações implementadas em fases, ou que tenham a perspectiva de novos envolvimentos no futuro. O contexto da transação permite que as partes negociem tendo em vista o relacionamento posterior e a continuidade das comunicações.

TROCAS — Substituição ou barganha de um ponto por outro; tática empregada com frequência em negociações de vendas.

ZAP — Acrônimo de "zona de acordo possível". Faixa em que se pode chegar a um acordo. Os preços de reserva dos envolvidos definem os limites da ZAP, que se situa (quando existe) na faixa em que há superposição dos preços de base.

Leituras recomendadas

Artigos e notas

CONGER, Jay. "The necessary art of persuasion". *Harvard Business Review*, OnPoint Enhanced Edition. Boston: Harvard Business School Publishing, 2000. A persuasão é uma parte fundamental de qualquer negociação. Este artigo explica seus quatro elementos básicos: 1) estabelecimento de credibilidade, 2) detecção de aspectos comuns, 3) fornecimento de dados conclusivos para embasar sua posição e 4) vínculo emocional com sua plateia.

ERTEL, Danny. "Turning negotiation into a corporate capability". *Harvard Business Review*, OnPoint Enhanced Edition. Boston: Harvard Business School Publishing, 2000. Toda empresa, hoje, existe dentro de uma complexa rede de relacionamentos constituídos, um a um, por meio da negociação. Negociamos contratos de compra e terceirização com vendedores, acordos de *marketing* com distribuidores, contratos para o desenvolvimento de produtos com nossos sócios em *joint ventures*. Em conjunto, os milhares de negociações em que uma empresa comum se envolve têm um impacto profundo tanto em sua estratégia quanto em seus resultados financeiros. Poucas companhias, entretanto, fazem uma reflexão sistemática a respeito de suas atividades de negociação como um todo; pelo contrário, adotam pontos de vista localizados, percebendo cada negociação como um acontecimento isolado, com suas próprias metas, táticas e medidas de êxito. Coordenar todas parece constituir uma tarefa hercúlea e impraticável — quando na realidade, de acordo com o autor, não é nem uma coisa nem outra. Ele apresenta quatro modificações amplas na prática e na perspectiva que, juntas, permitem que as empresas estabeleçam relacionamentos mais criativos com fornecedores, clientes e outros parceiros.

HARVARD BUSINESS SCHOOL PUBLISHING. "How to get what you want". *Harvard Management Communication Letter,* março de 2000. Como aumentar suas chances ao negociar? Comece averiguando como você pode beneficiar ou prejudicar seus concorrentes e como estes, por sua vez, podem ajudá-lo ou atrapalhá-lo. Responda a estas três perguntas: 1) O que você quer?, 2) Por que seus concorrentes deveriam negociar com você?, e 3) Quais são suas alternativas? Inclui listas do que se deve e não se deve fazer nas sessões de negociação.

KOLB, Deborah M. e Judith Williams. "Breakthrough bargaining". *Harvard Business Review*, OnPoint Enhanced Edition. Boston: Harvard Business School Publishing, 2001. Elementos sutis e não ditos do processo de negociação — uma "negociação nas sombras" — podem dar o tom de qualquer transação. Os autores apresentam três tipos de estratégias para se ter êxito nas negociações: 1) jogadas de poder mostram à outra parte que é interessante para ela negociar com você; 2) jogadas de processo influenciam o modo como os outros enxergam a negociação; e 3) jogadas apreciativas alteram o tom da interação, de modo que as partes possam fazer um intercâmbio mais colaborativo.

SEBENIUS, James K. "Six habits of merely effective negotiators". *Harvard Business Review*, OnPoint Enhanced Edition. Boston: Harvard Business School Publishing, 2002. Até os negociadores mais experientes às vezes cometem seis erros corriqueiros, que os impedem de solucionar o verdadeiro problema da negociação: negligenciar o problema do interlocutor, permitir que o preço eclipse outros interesses, permitir que as posições ofusquem os interesses em jogo, insistir além da conta em procurar pontos comuns, desprezar outras alternativas além do acordo em si e não corrigir pontos de vista tendenciosos. O autor compara bons e maus hábitos de negociação, com base em cinquenta anos de pesquisas e análises.

SHELL, Richard. "When is it legal to lie in negotiations?" *Sloan Management Review* 32, no. 3 (primavera de 1991). Este artigo curto e bem escrito estabelece o arcabouço legal para compreendermos quando e por que uma mentira numa negociação pode nos causar problemas. Valendo-se de exemplos de casos, ele dá orientação para quem não se sente seguro com as distinções às vezes imprecisas entre mentiras e blefes, exageros ou omissões.

WILLIAMS, Monci J. "Don't avoid conflicts — Manage them". *Harvard Management Update,* julho de 1997. Independentemente de nossa posição na hierarquia de uma organização, a maioria de nós acredita ser mais conveniente — e, portanto, preferível

— evitar conflitos. Entretanto, as pesquisas indicam que isso pode atrapalhar os gerentes na consecução de suas metas. Para gerenciar bem os conflitos, devemos compreender a diferença entre posições e necessidades subjacentes; precisamos compreender também a posição dos nossos interlocutores antes de afirmarmos a nossa. Concentrando-se nos interesses comuns e conhecendo suas próprias motivações, você e seus parceiros em conflito podem chegar a uma solução ótima, e não a uma simples troca de concessões.

Livros

BAZERMAN, Max e Margaret Neale. *Negotiating rationally.* Nova York: Free Press, 1992.*
Os professores Bazerman e Neale apresentam o ponto de vista da psicologia nesta obra sobre a teoria e a prática da negociação. Embora suas recomendações, no fim das contas, sejam muito semelhantes às de *Getting to yes* e *The manager as negotiator* (ver verbetes a seguir), os autores também incluem explicações e descobertas das pesquisas e da literatura na área da psicologia.

CAMP, Jim. *Start with no.* Nova York: Crown, 2002. Abordagem dos problemas das negociações pessoais e comerciais que rema contra a maré. Particularmente digna de nota é a crítica que o autor faz à mentalidade ganha-ganha convencional, defendida por muitos outros autores e consultores. Camp acreditava que essa mentalidade acarreta resultados ganha-perde.

FISHER, Roger, William Ury e Bruce Patton. *Getting to yes: negotiating agreement without giving In.* 2ª ed. Nova York: Penguin, 1991. A edição original, de 1981, teve um impacto profundo em todas as áreas, da política internacional às escolas profissionais e cursos de educação executiva sobre negociação. *Getting to yes* cria uma polêmica entre a "barganha de posições" e a "negociação de princípios". O ponto central do livro expõe um arcabouço prescritivo básico para a "negociação de princípios" ou "negociação sobre os méritos": distinguir as pessoas do problema; enfocar interesses, não posições; inventar opções em que todos ganhem; e insistir na adoção de critérios objetivos.

HARVARD BUSINESS SCHOOL PUBLISHING. *Harvard Business Review on Negotiation and Conflict Resolution.* Boston: Harvard Business School Publishing, 1999. Esta

---

*Publicado no Brasil pela Editora Atlas, com o título '*Negociando racionalmente*'. (N. T.)

antologia de artigos da *Harvard Business Review* apresenta o que há de melhor sobre métodos de negociação e gerenciamento de conflitos da Review.

HARVARD BUSINESS SCHOOL PUBLISHING. The *Manager's Guide to Negotiation and Conflict Resolution*. Harvard Management Update Collection. Boston: Harvard Business School Publishing, 2000. Uma das questões mais difíceis enfrentadas pelos gerentes diariamente é a negociação em seu sentido mais amplo. Seja a negociação de um aumento, com os colegas para a promoção de um projeto, ou mais formal, com outras empresas, para viabilizar formas de colaboração, essa tarefa interpessoal imprescindível gera ansiedade e estresse na maioria de nós. Essa coletânea toca em muitos desses pontos fundamentais.

LAX, David A. e James K. Sebenius. *The manager as negotiator*. Nova York: Free Press, 1986. Este livro conjuga erudição e experiência de forma muito proveitosa, abordando não só os princípios básicos que qualquer gerente, advogado ou diplomata precisa conhecer, mas também analisando as negociações em situações de particular interesse para os gerentes: nas hierarquias e redes, com entidades internas e externas, e assim por diante.

MNOOKIN, Robert H., Lawrence E. Susskind e Pacey C. Foster, eds. *Negotiating on behalf of others: advice to lawyers, business executives, sports agents, diplomats, politicians, and everybody else*. Nova York: Sage Publications, 1999. Esta obra especializada e um tanto acadêmica apresenta um contexto para compreendermos a complexidade e os resultados das negociações por meio de agentes — entre os quais os autores incluem legisladores, diplomatas, vendedores, agentes esportivos, advogados e membros de comitês. Com capítulos escritos por alguns dos mais proeminentes teóricos e profissionais, o livro examina cinco arenas: as relações entre trabalhadores e gerência, a diplomacia internacional, as atividades dos agentes esportivos, o processo legislativo e a advocacia.

WATKINS, Michael. *Breakthrough negotiations*. Nova York: John Wiley & Sons, 2002. Este excelente livro apresenta princípios aplicáveis a negociações empresariais e ferramentas para a obtenção de resultados positivos. De particular interesse são as abordagens do autor no diagnóstico de situações, na formação de coalizões e na criação de alianças estratégicas.

ZECKHAUSER, Richard J., Ralph L. Keeney e James K. Sebenius, eds. *Wise choices: decisions, games, and negotiations*. Boston: Harvard Business School Press, 1996. Os maiores estudiosos da economia, psicologia, estatística e da teoria das decisões tratam das incertezas estratégicas e da questão de como tomar boas decisões. Os trabalhos aqui reunidos abordam questões como o processo decisório individual em condições de incerteza, jogos de estratégia, em que os atos de um jogador têm influência direta sobre o bem-estar do outro, e o processo de elaboração de acordos negociados.

Outras fontes de informação

FISHER, Roger, William Ury e Bruce Patton. *Getting to yes! Video workshop on negotiation.* Boston: Harvard Business School Publishing, 1991. Videocassete. Este *workshop* em vídeo é a segunda melhor opção depois de ter Roger Fisher como seu professor e orientador pessoal em negociação. A fita traz a obra de Fisher para a vida real e torna muito fácil a sua aplicação em situações concretas. Você verá mais de uma dúzia de vinhetas que ilustram com clareza maneiras de converter negociações adversas numa resolução mútua de problemas. O *workshop* vai muni-lo de tudo que é necessário para que você e seus gerentes aumentem sua capacidade de negociação. Sete segmentos em vídeo vão conduzi-lo passo a passo através dos elementos fundamentais da negociação bem-sucedida e servirão de base para a representação de cenas.

Programas de *e-Learning*

HARVARD BUSINESS SCHOOL PUBLISHING. *Influencing and motivating others.* Boston: Harvard Business School Publishing, 2001. Programa *on-line*. Você já reparou como certas pessoas parecem ter uma capacidade natural para incitar os outros à ação? *Influencing and Motivating Others* oferece lições práticas para que você obtenha resultados melhores dos seus subordinados diretos (influenciando sem desempenho), uma maior cooperação de seus pares (liderança lateral) e um maior apoio de seu chefe e superiores (persuasão). Os gerentes aprenderão os segredos da "liderança lateral" (liderança dos pares), habilidades de negociação e persuasão, e como distinguir os métodos de motivação eficazes dos ineficazes. Por meio de casos interativos, orientação de especialistas e atividades para aplicação imediata no trabalho, o curso ajudará os gerentes a fazer uma avaliação de sua própria capacidade de persuadir os outros de maneira efetiva, a medir suas habilidades como motivadores e a aprimorar o desempenho dos funcionários.

HARVARD BUSINESS SCHOOL PUBLISHING. *Yes! The On-line Negotiator.* Boston: Harvard Business School Publishing, 2000. Programa *on-line*. Com base nas técnicas desenvolvidas pelo internacionalmente famoso especialista em negociação Roger Fisher e o Harvard Negotiation Project e detalhadas no *best-seller* internacional *Getting to yes,* este curso vai ajudá-lo a desenvolver estratégias para a efetiva negociação e resolução de conflitos. Você vai negociar em situações realistas, verá as consequências de suas escolhas se concretizando e receberá orientações, *feedback* e recomendações de Roger Fisher e outros especialistas. *Yes! The On-line Negotiator* inclui ainda três cenários interativos: a compra de uma casa, a aquisição de uma empresa e a concretização de uma venda.

Sobre o organizador

O professor adjunto **MICHAEL WATKINS** faz pesquisas sobre negociação e liderança. É um dos autores de *Right from the start: taking charge in a new leadership role* (HBS Press, 1999) e autor de *Taking charge in your new leadership role: a workbook* (HBS Publishing, 2001). Ambos analisam o que os novos líderes, promovidos para cargos de alta gerência, devem fazer em seus seis primeiros meses na nova função. Recentemente foi coautor de *Winning the influence game: what every business leader should know about government* (Wiley, 2001), que fornece referências para a análise do impacto da máquina governamental nas estratégias empresariais, bem como ferramentas e técnicas para que a organização, por sua vez, influencie o governo; e *Breakthrough international negotiation: how great negotiators transformed the world after the cold war* (com Susan Rosegrant, Jossey-Bass, 2001). Seu livro mais recente, *Breakthrough business negotiation: a toolbox for managers*, foi publicado em abril de 2002.

Sobre o escritor

RICHARD LUECKE é autor de vários livros da série *Harvard Business Essentials*. Morando em Salem, Massachusetts, Luecke escreveu ou organizou mais de trinta livros e dezenas de artigos sobre uma vasta gama de temas de negócios. Fez MBA na University of St. Thomas.

Índice remissivo

Aaron, Marjorie Corman, 85
acordos inseguros, 107
agentes independentes, 152-153
agentes não independentes, 154
agentes
    conflitos de interesses, 157-158
    independentes, 152-153
    não independentes, 154
    problemas de assimetria de informações, 154-156
    problemas de divergência de interesses, 156-157
    resumo, 158-159
ancoragem, 68-70
aversão a riscos e negociação, 82, 85

Bazerman, Max, 68, 85, 122
blefes, 99

Camp, Jim, 20
ciclo acordo-relacionamento, 145-146
coalizão com vistas a uma só questão, 23
coalizão natural, 23
coalizões, 23-24
Colbún, 36
confiança e negociações, 99-100, 107-108
conflitos de interesse, 157-158
contra-ancoragem, 70-71
Cutcher-Gershenfeld, Joel, 157, 158

desistência. *Ver* preço de reserva
diferenças culturais nas negociações, 114-116
diferenças de gênero nas negociações, 114-116
dilema do negociador, 21, 25, 109-111
Doz, Yves, 116

equívocos
    descontrole emocional, 131-134
    exagero, 122-125
    excesso de confiança, 129-131
    expectativas irracionais, 127-129
    percepções tendenciosas, 125-127
    resumo, 134-135
Ertel, Danny, 36, 143-146, 167, 169
escuta ativa, 79-80
espoliadores, 112-114
exagero irracional, 122
exagero, 122-125
excesso de confiança, 129-131
expectativas irracionais, 127-129

Fisher, Roger, 21, 29

Getting to Yes ("Como Chegar ao Sim: a Negociação de Acordos sem Concessões"), 21, 29
glossário, 189-191
Gordon, Mark, 19, 20

habilidades de negociação
    aprimoramento contínuo e, 162-164
    características dos bons negociadores, 172-174
    como descobrir a MAANA, 168
    como um recurso organizacional, 166-167
    desenvolvimento de medidas e recompensas de desempenho, 170-172
    esclarecimento de metas e perspectivas, 168
    etapas do processo das negociações, 163-165
    fornecimento de treinamento e recursos, 167
    manutenção da base de conhecimentos, 168-169
    obstáculos à negociação, 165
    resumo, 174
Hamel, Gary, 116

identifique seu próprio grau de autoridade, 55-56, 183
papel da informação, 55

Janus, Irving, 130
jogadas de processo
    etapas das negociações, 163-165
    recomendações para, 59
    táticas, 94-97

Kolb, Deborah, 59, 65
Kotter, John, 139

Lax, David, 21

MAANA (melhor alternativa à negociação de um acordo)
    como determinar sua própria, 35, 180
    como melhorar, 32
    complicações, 36-37
    da outra parte, como enfraquecer a, 34
    definição, 29
    do outro lado, identificando a, 32-34, 182
    falta de outra alternativa e, 36
    forte *vs.* fraca, 31, 168
    jogadas de concessão e, 73
    planilhas, 180, 182
    preparativos para as negociações e, 50-53
manutenção da base de conhecimentos, 168-169
Misino, Dominick, 107

Neale, Margaret, 68, 85, 122
negociação colaborativa. *Ver* negociação integrativa
negociação distributiva
    baseada na abordagem da soma zero, 15-16
    estratégias de uso, 16-17, 25
    papel da informação, 15
    táticas para a mesa de negociações *(ver* táticas para a mesa de negociações, negociações distributivas)
negociação integrativa
    baseada nos relacionamentos, 17-19
    estratégias de uso, 20, 25
    funções e meios, 18-22
    táticas para a mesa de negociações *(ver* táticas para a mesa de negociações, negociações integrativas)
negociações desenvolvidas em várias fases, 22-23
negociações que envolvem várias partes, 23-25
negociações. *Ver também* táticas de negociação
    arcabouço básico, 28
    criação de valor por meio de concessões, 42-43
    desenvolvidas em várias fases, 22-23

distributivas *(ver* negociação distributiva)
envolvendo várias partes, 23-25
integrativas *(ver* negociação integrativa)
MAANA *(ver* MAANA)
preço de reserva, 38-39, 181
preparando-se para *(ver* preparando-se para negociações)
relacionamentos e *(ver* relacionamentos e negociação)
resumo, 43
ZAP, 39-41
negociando com o responsável pela decisão

obstáculos ao acordo
    diferenças culturais e de gênero, 114-116
    dificuldades de comunicação, 116-117
    dilema do negociador, 109-110
    espoliadores, 112-113
    falta de confiança, 107-108
    impedimentos estruturais, 111-112
    negociadores intransigentes, 104-106
    resumo, 118-120
    uso do diálogo, 117-118
    vácuos de informação, 109-110

pensamento grupal, 130
percepções tendenciosas, 125-126
perspectiva, 83-85
preço de reserva, 38-39, 181
preparando-se para negociações
    consideração de bons resultados, 47-50
    crie uma MAANA forte, 52-53
    defina o que é justo e razoável, 58
    flexibilidade, 57
    identificação da MAANA e do preço de reserva, 51
    identificação das oportunidades de criação de valor, 49-50
    jogadas de processo, 58-60

necessidade permanente de, 86-88
negociar com o responsável pelas decisões, 53-55
papel da informação, 54-55, 56
planilha, 178-179
resumo, 60
problemas de divergência de interesses, 156-157

reação emocional, 98, 123-124, 131-134
relacionamentos e negociação
    administração do valor do relacionamento, 147-148
    ciclo acordo-relacionamento, 146
    classificação dos problemas nas negociações, 145
    equidade e, 143-145
    percepções do valor do relacionamento, 140-144
    qual a importância dos relacionamentos, 138-139
    resumo, 148
respeito transparente, 108
responsável pelas decisões nas negociações. *Ver* negociando com o responsável pelas decisões

Sebenius, James, 21
situação ganha-ganha. *Ver* negociação integrativa
situação ganha-perde. *Ver* negociação distributiva
soma zero. *Ver* negociação distributiva

táticas para a mesa de negociações, negociações distributivas
    a inclusão de um prazo, 74
    ancoragem, 68-70
    apresentação de pacote de propostas, 74-75

como atrair o outro lado para a mesa de negociações, 64-65
como fechar o acordo, 75-76
como romper a tensão inicial, 66-67
contra-ancoragem, 70-71
jogadas de concessão, 72-73
resumo, 88
táticas para a mesa de negociações, negociações integrativas
avaliação e preparação contínuas, 86-87
escuta ativa, 79
exploração das diferenças, 80-83
geração de soluções integrativas, 82
perspectiva, 83-85
resumo, 88
técnicas para começar, 77-79
táticas para definir preços, 92-95
táticas para enfrentar problemas interpessoais
alternativas ao contato cara a cara, 99-100
desafios à sua autoridade, 101
diferenças de estilo na negociação, 97-98
reações emocionais, 97-98
suspeita de blefe, 99
tentativa de mudar o acordo já fechado, 98
táticas para negociações
definição de preço, 92-95
negociação distributiva *(ver* táticas para a mesa de negociações, negociações distributivas)
negociação integrativa *(ver* táticas para a mesa de negociações, negociações integrativas)
problemas interpessoais *(ver* táticas para problemas interpessoais)
processo, 95-97
The Manager as Negotiator, 21

Ury, William, 21, 29

vantagens dos negociadores com autoridade parcial, 54
vantagens dos negociadores com plena autoridade, 53

Watkins, Michael, 87, 112, 115, 157, 158
Williams, Judith, 59, 65

ZAP, 39-41

Este livro foi composto na tipologia Minion,
em corpo 11/16, e impresso em papel
off-set 90g/m² no Sistema Digital Instant Duplex
da Divisão Gráfica da Distribuidora Record.